講談社文庫

ふたり

皇后美智子と石牟礼道子

高山文彦

講談社

ふたり

皇后美智子と石牟礼道子

目次

序章　天皇の言葉

1

慰霊碑の先に広がる水俣の海青くして静かなりけり

（二〇一四年一月、天皇御製）

最初で最後となるであろう水俣への訪問を、天皇皇后がそろってしたのは、二〇一三（平成二十五）年十月二十七日のことであった。

表向きは「全国豊かな海づくり大会」への出席ということだったが、しかしやはりお二人の本意は、水俣病患者と会うことにあったのではないかと、ひととおりそのときの模様について知り得たいま、私は思う。

つぎの天皇皇后となる皇太子夫妻は、これからも水俣を訪問することはないかもしれない。そのように考えて、いまのうちに自分たちが会っておかなければと、八十歳を目前にしてお二人は判断されたのではないだろうか。

かつてチッソ水俣工場から轟々《ごうごう》と吐き出されていた猛毒のメチル水銀に、不知火海《しらぬい》全域は汚染されていた。その南端の鹿児島県との境に接する水俣の百間港《ひやくけん》というところから、チッソ水俣工場は猛毒を多年にわたって流しつづけてきたのだ。

汚染されたヘドロと魚介類が封じ込められ、大量の土砂によって埋め立てられた百間港の跡地、いまそこは「エコパーク水俣」と称されて、運動場や植物園、広場を擁《よう》する広大な公園に変貌している。お二人は、人工の護岸からヒラメなどの稚魚を放流したあと、もともとは岬の付け根であった丘の上の水俣病資料館に移り、患者たちとはじめて面会した。そして彼らで構成される「語り部の会」の緒方正実会長から、チッソによってもたらされた一家親族全滅にいたる惨劇のありさまと、「正直に生きる」ことに目覚めた緒方正実自身の逃避から再生に向かう個人史に耳を傾けた。

予定では、講話が終われば椅子から立ちあがり、そのまま資料館をあとにするはずだった。ところが、お二人は立ちあがろうとするそぶりひとつ見せず、椅子に坐ったままでいる。緒方正実は、どうなさったのだろうとハッとして、浮かせかけた腰を椅子にもどした。

万感こもった眼差しを、お二人はまっすぐに緒方に向けている。そして、それからまったく不意打ちのように天皇の口から、のちに「異例」と呼ばれる長い言葉が発せられたのだ。

集まった人びとは、患者も資料館の職員も侍従たちも、みなびっくりして聞き入っていた。

その話の内容には、日本近代の過誤の歴史までを射程にいれた現代社会への深い憂慮がにじんでいた。患者たちの長年の苦痛、狂死・悶死をとげていった彼らの遺族への慰藉《いしゃ》もさることながら、彼らが懐《いだ》いてきた、とてもひとことでは言い尽くせぬ重層的な思いをすくいとり、しかもじつに簡潔な言葉でそうした思いを代弁するように述べられたので、とりわけ患者たちは、この恐ろしい公害病に罹《かか》って以来、はじめて心から救われたような気持ちに満たされた。

天皇にかけてもらった言葉は、そのままそっくり自分たちの心の底で長い年月、ねんごろに懐いてきた言葉だったからである。

もとより、政治的な意見を述べてはならぬ天皇である。選挙権もない。「人間」ということには違いないけれど、国民ならだれもが保障されている表現・結社・出版・移動の自由ももっていない。新年の歌会始《うたかいはじめ》のときだけが、歌を通じて自分の心を全国民に伝えられる機会と言えるかもしれない。

いわば言葉をもがれた存在が、このようなきわどい感慨を述べるとは、責任を逃れようとしてきた加害者への悲憤と、被害にあえいできた人びとへの同情とがよほど深かったからではなかろうか。

前日には、合志《こうし》市のハンセン病療養所を訪れ、同病の回復者たちと交流したばかりのお二人には、なおさらにそうした思いがつのっていたのではないかと思われる。

いまだ解決のつかぬ水俣病問題。波静かな不知火海でジャコを獲り、太刀魚を獲り、蛸《たこ》を獲り、鯛《たい》を獲り、浜辺では貝やハゼたちと戯れて、その日その日の天からの授かりものに感謝する慎ましい生活を送ってきた基層民たる沿岸漁民に地獄の痛苦を与えながら、近代の象徴たるチッソという会社は成り立ってきている。

患者のある者は「奇病」にとり憑《つ》かれたとして差別され、崖から突き落とされた者もいる。ある者は母親の胎内で水銀に汚染されたため、生まれながらに言葉も発せられず、歩くこともかなわず、食うこともままならない。いびつに折れ曲がった釘のような五指、弓のように反りくりかえった肢体を畳の上に投げ出して、耐えがたい呼吸困難、激痛に苦しめられ、ついには発狂し、一生を終えていったのだ。

天皇は、このように述べた。

どうも、ありがとうございます。ほんとうにお気持ち、察するに余りあると思っています。やはり真実に生きるということができる社会を、みんなでつくっていきたいものだと、あらためて思いました。ほんとうにさまざまな思いをこめて、この年まで過ごしていらしたということに深く思いを致しています。今後の日本が、自分が正しくあることができる社会になっていく、そうなればと思っています。みながその方向に向かって進んで行けることを願っています。

「真実に生きるということができる社会」「自分が正しくあることができる社会」とは、すなわちわれわれの社会が真実に生きられず、正しくあろうとすることまでも歪《ゆが》められてきた、との認識を語っている。そこにはチッソと国による組織的な大量毒殺行為と言ってよい大罪を隠蔽《いんぺい》し、被害者である患者らを見殺しにするいっぽう、犯罪企業チッソを守ろうとしてきた国の姿勢にたいする告発のニュアンスまでが感じとれる。

加害の側から被害の側が謝罪をうけ、手厚い補償をうけることのできるあたりまえの社会が、なぜ機能しなかったのかという批判もまた、おおいに含まれている。そして、いまもまだ、そのような社会に至っていないのだから、「みながその方向に向かって進んで行けることを願って」いる。このように解釈できるのではなかろうか。

患者たちにとって、それを言ってくれたのがほかならぬ天皇であり、その言葉をまさに自分の言葉のように隣りで小さく頷《うなず》きながら聞いているのが皇后であったということが、彼らの心をあたたかく揺さぶった理由であったろう。

「異例」は、それにとどまらない。もうひとつ、お二人は、資料館を訪ねるまえ、日程にあげられていなかった胎児性患者二人との面会を極秘裡に終えていた。

メチル水銀に侵された母親の子宮のなかで、胎児もまた毒に侵されていた。生まれながらに水俣病特有の異形が四肢にあらわれており、声すらもうまく出せなかった。その後、自分の足で歩くようになった者もいるし、いつまでたっても縒《よ》じれからまる縄のように畳の上に転がっている者もいた。歩くようになった者も、やがては歩けなくなり、どうにか言葉を話していた者も、気道が詰まり、話せなくなる。若年にして死んでいった者が多かった。お二人が会ったのは、そのなかでもどうにか生きのびて、あと何年かで六十歳を迎えようとしている男女であった。

こちらのほうは、『苦海浄土《くがいじようど》』の作家・石牟礼《いしむれ》道子の直接の訴えが美智子皇后を動かして実現したとの報道が流れた。それを見て、私は石牟礼さんに連絡をとり、いったいどのようにして天皇皇后と胎児性患者が会うことになり、石牟礼さんがどんな役割をはたしたのか聞いてみたいと、熊本まで出かけて行った。

二人のミチコのあいだには、二人にしかわからない深い心の交流が生まれていた。

水俣訪問のまえ、十月二十四日付の熊本日日新聞は、「天皇・皇后両陛下、27日水俣初訪問／石牟礼道子さん待ち望む」という見出しの下に、つぎのような記事を載せている。

〈石牟礼さんは7月、東京で美智子さまと会う機会があった。親交の深かった社会学者の故鶴見和子さんをしのぶ「山百合忌」の会場。しばらく言葉を交わした後、最後に美智子さまは「今度、水俣に行きます」とひと言告げられたという。

「美智子さまもいろんな思いを抱えて、水俣に来られるんじゃなかでしょうか」〉

最後は石牟礼さんのコメントである。

記事を書いた浪床《なみとこ》敬子記者は、石牟礼さんが同紙朝刊に連載中の自伝の口述筆記を担当している人だ。

じつはこの記事を見るまでは、お二人が水俣病患者に会おうとしていることを、私はまったく知らなかった。八月に石牟礼さんに会ったときも、なにも言っておられなかったので――皇后と会っただなんて自分から言うべき話ではないのかもしれないが

——、そんなことがあるはずがないと、皇太子夫妻が引きずってきた問題を考えあわせてそう思い、関心を寄せていなかったのだ。

それから私は石牟礼さんと水俣を訪れ、別の日にまた水俣へ行って、緒方正実をはじめとする人びとと出会い、二人の胎児性患者とも会って話を聞くことになった。

2

もうひとり思い浮かんだのは、川本輝夫という患者のことである。ずっとむかし、私は彼に会っていた。

「両陛下に水俣を訪れてもらいたい」

と、そのとき彼は、はっきりと話した。生きていたら、どんなによろこんだことだろうか。

緒方正実は川本輝夫に指導され、幾度も認定申請を却下されながら、粘りづよく行政訴訟をおこして、最後は認定に至った。川本の躍動する姿は、『苦海浄土』に詳しく描かれている。

いまとなっては伝説のように語られるその人は、ほかの患者たちがしたように厚生省主導の調停に一任せず、裁判で争おうという訴訟派に属していた。しかし、やがて自分たちを水俣病の生き地獄に陥れた加害企業であるチッソにたいして、第三者をいれずに直接交渉しようという自主交渉派のリーダーとなっていく。

しかしチッソは裁判が進行中なのを楯に、容易には受け付けないだろう。川本輝夫と彼がまとめた新認定患者十八家族の闘いは、すさまじい返り血をあびることが予想された。

石牟礼道子は、一任派や訴訟派の区別なく患者の困難な道行きを自己の闘いとして、地の果てまでも添いとげようとしていた。訴訟派のなかから川本輝夫のような急進派が出てこようとしていたその時期、これからチッソと国を相手にして闘うのはとても水俣に住む自分たちだけでは心許ないと、熊本市内に住む旧知の渡辺京二に協力を求めた。まもなく熊本市内に「水俣病を告発する会」が生まれる。

二人は作家と編集者の間柄だ。『苦海浄土』第一部の原形となる「海と空のあいだに」を、自分が熊本で創刊した地域雑誌「熊本風土記」に連載させたのが、のちにベストセラーとなる『逝きし世の面影』を書く渡辺京二なのである。

「水俣病を告発する会」は、足尾銅山鉱毒事件をめぐる田中正造と谷中村村民の壮絶な最終戦以来絶えて久しい、全身の毛穴という毛穴から血の汗が噴き出るような支援闘争をくりひろげていった。ある時期から、それはおもに川本輝夫の自主交渉を中心に徹底して推し進められていく。

当時、日本共産党は、彼らの闘争を妨害する側にまわっていた。反代々木系新左翼グループもかねて支援活動をおこなっていたが、新しく生まれた「水俣病を告発する会」は政治主義的理念はいっさい持ち込まず、個人の資格のみで集まっていた。では、なにが彼らの行動の根幹を支えていたのかというと、同会会長をつとめた高校教師・本田啓吉《けいきち》の、つぎのひとことによくあらわれている。

〈われわれはあくまで仇討ちとしてこの裁判をとらえる。われわれの態度は義によって助だちいたすというところにある〉（水俣病裁判支援ニュース「告発」創刊号）

旧来の支援活動の内部では、新左翼的言辞が大手を振ってきた。そうでなくとも「義によって助だちいたす」とは、時代錯誤もはなはだしい。

でも、これは患者たちの心に寄り添うという程度の生易しい覚悟を語っているのではもちろんなかった。ついに裁判に訴え、隠蔽と逃亡をはかろうとする者たちから謝罪と補償を克ちとろうとする闘いに打って出た患者とその家族たちの舟に、どこまでも一緒に乗って行こうとの裂帛《れっぱく》の気魄《きはく》が籠《こ》められていた。

本田啓吉を同会に引っ張った渡辺京二の文章から、「助だち」の含意をさぐってみると、「水俣病闘争とは、生活民――それも水俣病患者・家族という特殊な集団が、日常の基底から彼らの真の欲求の高みまで、息をじっくりとつなぎながら、かけのぼって行く長い過程である。『水俣病を告発する会』は、その患者の試行と最後まで行を共にすることを決意し、会の存続も破滅も、すべて患者を基準におく同行者集団」なのであり、「同情で何が悪い」「徹底的な同情がどのようにおそろしいものであるか」と、述べている。

渡辺京二はまた、川本輝夫をはじめとする十八の新認定家族が三〇〇〇万円の慰謝料をチッソに求めたことについて、「いかなる公権力も、これに口出しをすべき筋合いではない」と言い、そうれ見たことか、やっぱり金が目的じゃないかと揚げ足をとろうとする輩《やから》――水俣市民のあいだでは、口に出さなくともこのように考え、蔑《さげす》む者が少なからずいた。そうした考えを懐くのは、なんでも金銭で片付けようとする近代的思考を否定する前近代的な共同社会の記憶が生々しく生きていたからでもあるのだが――をぴしゃりと制するように、「無体をされて、死人が出た以上、人は相手の前にドスを突立てて、これで自裁するか、それとも破産してでも死を償うだけの金を目の前に積んでみせるか、どちらか択一せよと迫ることができる」（以上『水俣病闘争わが死民』所収「現実と幻のはざまで」創土社）と、断じてみせている。

チッソも漁民も同じ水俣で生きてきた。その共同体の宝の海に何十年も毒をたれ流し、人も魚も猫も殺して、さんざん苦しめてきたのだから、チッソは共同体の秩序と幸福をはなはだしく棄損したのだ。古《いにしえ》よりの定めでいえば、チッソは水俣から村八分にされなければならない。会長や社長をはじめとする責任者たちには、死んだ人間の数だけ同じ水銀を飲んでもらわなければならない。こらえてくれと言うのなら、奪い去った命、苦しめた命に見合うだけの慰謝料を支払わなければならぬ。もうひとつ、毒で汚染した不知火海を、もとの美しい海にもどすことも忘れずに――。

こうした交渉はサシでおこなわれてしかるべきだ、と渡辺京二は言うのだった。国や弁護士や暴力社員や右翼を介入させるなら、自分たちは患者やその家族と運命をともにし、どこまでも闘おうという、これは「義挙」なのである。

そうした支援対象の中心にいたのが、川本輝夫であった。

3

いまはもうこの世にいないその人の、使い古したような白い作業シャツの上の日焼けした顔が思い浮かぶ。

一九九四年の夏、檣柑《みかん》の緑葉が日の光をきらきらと跳ね返す小高い山の中腹に、川本さんは五〇ccのスーパーカブに乗ってあらわれた。地下足袋《じかたび》を履いていた。

「天皇皇后両陛下に、水俣病患者たちの実情を見に来てもらいたい。皇太子夫妻にも新婚旅行のつもりで来てもらいたい」

患者の自立支援を目指して建てられた相思社の縁側に腰掛けて、彼はそのように言った。皇太子ご成婚の翌年のことだ。

それから五年後の二月、川本さんはこの世を去る。

檣柑の根方にしゃがみ込んで草取りをはじめた川本さんは、そのとき六十三歳になっていた。水銀に侵されているので、ときおり首から上をぶるりと震わせながら、このようにつづけた。

「戦争中、チッソ(当時は日本窒素肥料)は国策会社でした。戦後は食糧増産のかけ声のもと、肥料の大量生産をやっとりました。昭和天皇は昭和六年と昭和二十四年の二回、水俣のチッソ工場に来られとります。ひとつの会社のために、わざわざですよ。私たちの調べじゃ、チッソは昭和七年から水銀をたれ流しとっとです。その七年後には、水俣病らしきものが出とっとです。江頭《えがしら》さんは発生には関係なかていうこつらしかばってん、江頭さんがチッソの社長を辞める昭和四十六年までの約十年間が、いちばん水銀が拡大放置されとった時期なんですよ」

「江頭さん」というのは、皇太子妃雅子の母方の祖父、江頭豊のことだ。同氏が日本興業銀行からチッソに移ったのが一九六二年。二年後には社長となり、一九七一年に退任するまでほぼ十年間、責任を負うべき地位にあった。その後も会長として二年間、チッソにとどまっているが、この十年間の江頭チッソ時代が水俣病の「拡大放置」期だったと、川本さんは言うのである。

川本さんも、石牟礼さんも、渡辺さんも、江頭氏と対峙したことがある。彼らをまじえた患者と支援者一〇〇〇名が、チッソの一株株主となって、一九七〇年十一月、大阪でひらかれた株主総会に乗り込んだ。古いニュース映像には、壇上の江頭議長のもとに抗議のために殺到する患者と支援者の姿が映っており、最後は石牟礼さんがマイクをもって、「水俣に帰りましょう」と、みなをなだめる姿も映っている。

「原因不明の奇病発生」を水俣保健所が公表したのが一九五六（昭和三十一）年五月。のちにこれが「水俣病」の公式確認となる。熊本大学医学部水俣病医学研究班によって、チッソの工場排水にふくまれるメチル水銀が「奇病」の原因であると断定されたのは一九六三年のことだったが、その翌年、江頭氏は社長に就任している。ところがチッソはこれを認めようとせず、国もまた規制をかけなかった。そのためにチッソは一九六六年までメチル水銀をたれ流しつづけ、水俣病は不知火海沿岸のほぼ全域に拡大していったのだ。

「四、五年まえ、水俣を見に来てほしいという請願書を、天皇陛下に出そうとしたことがあっとです。仲間内から反対が出て、結局出されんじゃったとですがね」

と、川本さんは驚くような話をした。

「いまでも自分個人としては、請願書を送りたかて思いはするとばってん……。皇太子と雅子さんには新婚旅行に来ればよかて、仲間内じゃ言いよっとです。賠償やらなんやらの問題はともかく、患者たちには気持ちの癒《いや》しがいちばんなっです」

まぼろしに終わった請願書の写真が、朝日新聞西部本社版（二〇一三年十月二十六日）に載っていた。小型の『六法全書』を手放さなかった川本さんらしい態度が、毛筆で書かれたそれにあらわれていた。

請願書

憲法第一六条、請願法第三条①に基づき、左記の事項を請願する。

記

一、添付資料一の実現方《ママ》について、政府に対し人道上、人権上の問題として御提言をしていただくこと。

二、天皇の御名代として、水俣病発生地域の実情視察に皇太子あるいは、秋篠宮《あきしののみや》か常陸宮《ひたちのみや》にお出でいただくこと。

右請願する。

政府公害認定二二周年にあたって

平成二年九月二六日

右請者

（住所）

水俣市議会議員・公害対策特別委員会　委員

川本輝夫

天皇陛下

明仁《あきひと》殿

これを見てはじめて、「気持ちの癒しがいちばん」と川本さんが言った意味に触れたような気がした。私の手元には、請願書が書かれた翌年一月三十一日段階の水俣病に関するデータがある。それによると、そのときまでに水俣病と認定されなかった人は一万一二八一名、認定された人は二二四二名、認定を待つ人は二八九〇名。このときまでにいったいどれだけ多くの患者が、病院の費用も出せず、苦しんで死んでいったことだろうか。

この請願書はコピーである。現物は失われてしまっている。「一」の「添付資料」というのもなくなっており、なにが書かれていたのかわからない。「一」が言うのは、天皇に「政府に対し人道上、人権上の問題として御提言をしていただ」きたいということだ。「二」では、天皇にじきじきに来てもらいたいと求めることが慮《おもんぱか》られたのか、「皇太子あるいは、秋篠宮か常陸宮にお出でいただくこと」としている。皇太子はまだ、ご成婚まえであった。

これを書いた当時、川本輝夫は「チッソ水俣患者連盟」の委員長として、患者認定されてしかるべき人たちが、認定されぬまま放置されつづける現実を打開するために心血を注いでいた。

請願書の日付は九月二十六日。水俣病が公害病として認定された日にあたる。それから二十二年の月日が流れている。筆を執ったとき、患者認定を求めた数千人の未認定患者への行政審査が滞り、被害補償を訴えた交渉や訴訟がつづいていた。なんとかしてそうした人たちの救済ができないものかと、藁《わら》にもすがる思いで請願書は書かれ

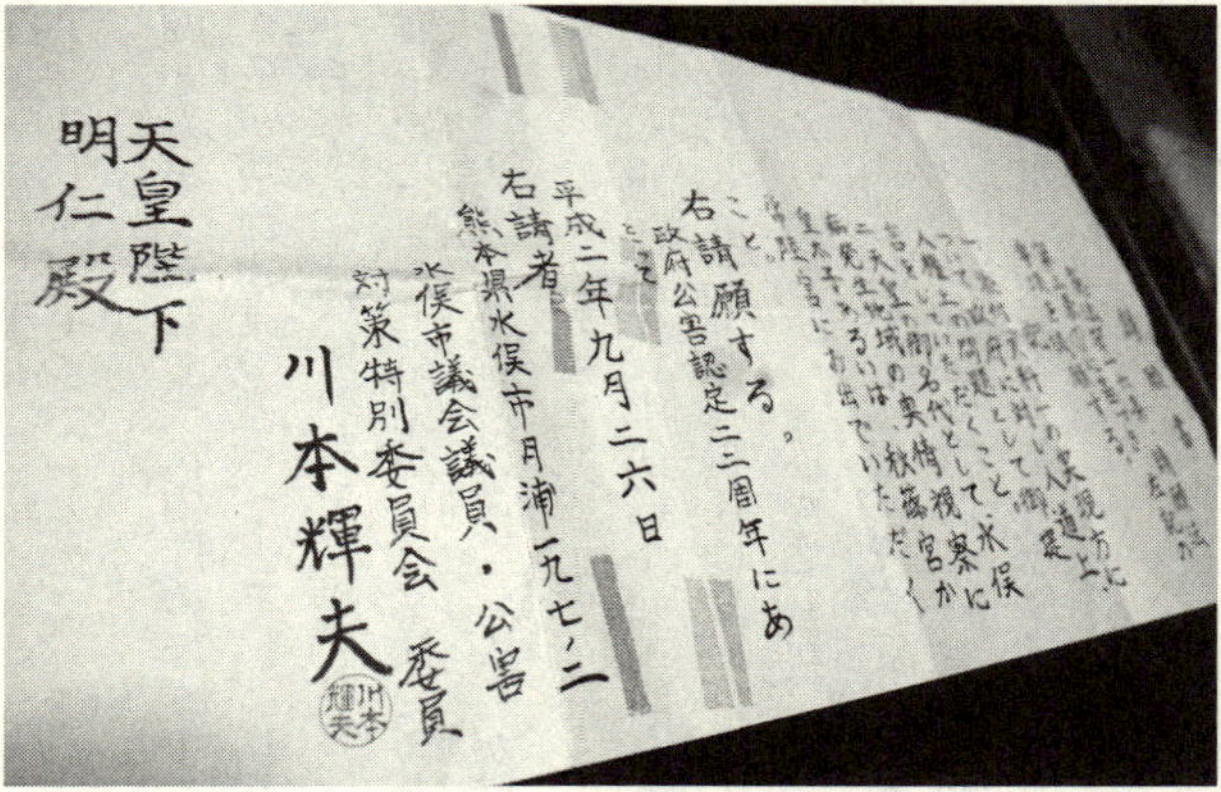
政府公害認定二二周年にあ
右請願する。
平成二年九月二六日
右請願者
熊本県水俣市月浦一九七ノ二
水俣市議会議員・公害
対策特別委員会 委員
川本輝夫
天皇陛下
明仁殿

写真提供　朝日新聞社

たものと思われる。

「チッソの問題もありまして、宮内庁のほうでも慎重論が出ており……」

これは皇太子が婚約会見で述べた、それより五年まえに成婚話がいったん途絶えたときの理由である。「三代にわたって汚点なし」というのがお妃選びの条件のひとつとされる。雅子妃にとって祖父がチッソ社長であったことが「汚点」とされたのを、率直に皇太子は認めているのである。ところが結婚が決まったとき、宮内庁の説明は一転してこのようなものだった。

「江頭氏は社長といっても、水俣病が発生したあとに日本興業銀行から派遣された方であり、公害発生とは無関係、責任はない」

皇太子のなりふりかまわぬ一途な恋心が、破談から五年の時を経てほとんど強引に雅子との結婚を宮内庁に認めさせ、その結果、宮内庁は見解を奇怪に歪ませてしまった。水俣病の被害を拡大させた責任をいっさい顧みないこのような見解に、もっとも怒り悲しんだのは水俣病患者とその家族であったろう。川本さんはそれできっと、請願書をあらためて出したいと私に言い、皇太子夫妻に来てもらいたい、と話したのだろう。

建前を言えば、国民生活の安寧を祈り、傷ついた国民の心に寄り添うのが皇室の役割であるのかもしれない。では「一生全力でお守りします」とプロポーズの言葉を婚約会見で雅子妃により明かされた皇太子は、いったいなにから彼女を守ろうというのか。「チッソの問題」と述べたからには、その「問題」はクリアされたとでも考えているのだろうか。

本来なら、天皇皇后よりも先に皇太子夫妻が水俣を訪れるべきなのだ。雅子妃がそのようにできるかどうかは別にして、水俣病患者とその家族をまえにして、「私は江頭豊の孫娘として、皆様に多大な苦痛と心労をおかけし、尊いご家族の生命を失わせたことを心からお詫びします」と言ってもらいたい。一途な恋を成就させ、いびつな見解を宮内庁に発表させた皇太子こそ、妃の背中を優しく押して水俣に導くべきだったのではあるまいか。天皇皇后の訪問によって、二人はその機会を逸したのではなかろうか。

川本輝夫の長男・愛一郎氏によれば、水俣病闘争にその身を捧げるようになってから、日の丸の旗を父親は揚げなくなったという。それまでは祝日のたびに揚げていたのに。

「愛一郎、日の丸を――」

というのがその日の朝のいつもの習わしで、箪笥《たんす》の引き出しからきれいに畳んである旗をとり出して庭に掲げるのが、少年時代の彼の役目だった。揚げなくなったのは、ことごとく申請をはねつける国にたいして、悲憤をつのらせていたからである。

昭和五十年代の半ばごろまで、日本各地ではあたりまえのように日の丸を家の庭先で揚げていた。子どもらはそれが楽しくて、小さいころから父親とか祖父《じい》さまにくっついて旗棒にのぼっていく日の丸を見上げていた。川本輝夫もそういった、至極純朴な市井《しせい》の一人であったにすぎない。

田中正造の明治天皇直訴事件が頭にあったのではないかと思われる。政治家も役人も、なにもしてくれぬ。してくれぬどころか、毒死の完成を待っているかのような冷淡さだ。かくなるうえは、政体に見捨てられた哀れな赤子《せきし》の訴えを、国体である陛下なら聞いてくださるかもしれぬ、と不敬を承知で筆をとる。

患者の一人によってひそかに請願書が書かれ、ついに提出されなかったということを、お二人は報道などで知っておられたに違いない。

ここに天皇と民衆の深い心の絆がある。どんなに政体に痛めつけられようとも、その向こうには国体たる陛下がおいでになる。きっと陛下は自分たちの苦しみをわが苦しみとして思いやり、政体の非道を悲しんでおられるに相違ない。最後はきっと自分たちを陛下が救ってくださる――と、そういった純朴な心情が日本民衆の心のどこかに醸成されており、天皇は天皇で、いますぐにでも痛み傷ついた人びとを助けに行きたいと願っておられるに違いない――と。

愛一郎氏も「語り部の会」の一員として、母と二人、両陛下を迎えることになった。そのとき予想だにしていなかった言葉をかけられ、胸を震わせる。

天皇とはなにか。皇后とはなにか。そして、言葉の力とはどういうものなのか。水俣訪問をめぐって知り得た出来事をありのままに記録することによって、いま一度考えてみたい。

第一章 ふたりのみちこ

1

できたばかりの熊本市内のリハビリ専門病院に、石牟礼道子は入院していた。パーキンソン病をかかえているので、ときどきリハビリ施設で多少の運動指導をうけたほうがいいとの主治医の判断で、九月十日（二〇一三年）からそちらに移ったという。

渡辺京二氏に、まえもって電話をしてみたら「入院したんだよ」と言われ、八月にいつもの居室で会ったときは車椅子ではあったけれど、まあまあ元気そうに見えたので「ええっ」と、びっくりした。

「いやいや、ちょっと体の動きがわるくなってきたものでね、少し運動をしたほうがいいと主治医に言われましてね。容体がおかしくなったわけじゃないから、ご心配には及びません」

と、いくらか嗄《か》れてはいるが、明るい声で渡辺さんは言う。

ずっと暮らしてきた居室というのは、リハビリ病院からそう遠くない。内科医院に併設されたビルの四階にあって、ここの医師夫妻が廉価で提供してくれていた。七十平米ほどの居室には、居間があり、ダイニングがあり、キッチン、バスルーム、トイレも完備されて、寝室には介護用ベッドが据えられている。

個室はきれいに整理されており、壁いちめんの本棚の上を見ると、いくつものファイルが並んでいる。とっちらかし屋の石牟礼さんを憂《うれ》えて、きれい好きな渡辺さんが項目ごとにきちんと整理をし、ファイリングしたのである。

入口近くのテーブルには、古びた大学ノートの束が積みあげられている。ページをめくってみると、石牟礼さんの文字で、なにかのメモや日記ふうの記述や、水俣病についてのものと思われる聞き取りのメモがびっしりと綴られていた。

彼女のすべてと言っていいものが詰まっているこの居室には、もう少し長くいられるんじゃないかと、八月に訪れたときはのんびりと考えていたのだが――。

渡辺さんはこの居室に毎週木曜日以外は連日通い、原稿の清書、手紙の代筆、各社からのインタビューや打ち合わせの調整と管理、資料や郵便物の整理、それから夕食の支度まで、この十五年ばかりつづけてきた。二〇〇九年に大腿骨骨折の重傷を負った石牟礼さんは、いよいよ自分の足では歩けなくなり、車椅子の欠かせぬ人になったのだ。

いまは介護ヘルパーの米満公美子さんが、秘書役もつとめるようになっている。だいぶ身軽にはなったそうだが、それでも米満さんではなかなかさばききれぬ仕事面の交通整理をしたり、夕食の支度も相変わらずつづけていた。

入院した石牟礼さんへのご様子うかがいは一日おきになったらしく、

「夕食の支度もしなくてよくなったから、だいぶ楽になったよ」

というのが電話の声だった。

それまで出版社や新聞社や作家たちが訪ねてくれば「どうぞ」と言ってお茶を出し、キッチンに引っ込んで揚げ物や煮物をする鋭い眼光の、どう見てもそこいらのお手伝いさんとは違うオーラを帯びた老紳士の姿は、いったいあの人は何者なのかと、ご新規さんたちには好奇の目で見られた。あるときは鞄持ち、あるときは秘書、あるときは編集者、あるときは用心棒、あるときは料理人——と、そんな具合に、時と場合によってさまざまな見方をされた。

リハビリ病院は、明るく、広く、清潔なところだ。三階の個室へあがってみると、米満さんの助けを借りて、どこかへのメッセージを録音し終えたところだった。

皇后に会われたそうですね、と挨拶もそこそこに言うと、
「西のみちこと東のみちこが会いました」
と、車椅子の上で石牟礼さんは、お茶目な言いかたをする。でも顔は、お能の面《おもて》みたいに静かなのである。

鶴見和子をしのぶ山百合忌がひらかれたのは七月、場所は東京神田駿河台の山の上ホテル。石牟礼さんは、色川大吉を団長とする不知火海総合学術調査団の一員として鶴見和子が水俣を訪れて以来、長く親交を結んできた。『言葉果つるところ』という対談集を藤原書店から出している。美智子皇后と鶴見のつながりはどのようなことかわからないが、とにかくその会で石牟礼さんは皇后の隣りに席を用意され、会が終わるまで二時間ばかり親しく言葉を交わしたのだという。

「あんな知的な女性にお会いしたのは、はじめてです。とてもお優しくて、美しい方でした。こぎゃんか女性をお嫁さんにもらわれた天皇さんは、偉かです」

薬の副作用のせいか、リズムをとるように上半身を左右に揺らしながら、いつものような調子で話すのだが、今日はちょっと揺れ幅が大きい。

この年の二月に『石牟礼道子全集』（藤原書店）全十七巻が完結し、東京で記念イベントがひらかれることになっていた。石牟礼さんを囲む昼食会も予定されており、私

も出席するつもりで返事を出していたのに、ドクターストップがかかり、楽しみにしていた久しぶりの上京を石牟礼さんは断念せねばならなかった。そうした体調にもかかわらず山百合忌に出席したのは、皇后になんとしても会いたかったからである。

「お会いするまえに一度、お会いしてから一度、お便りを美智子さまに出したんです」

と、石牟礼さんは言う。

前者は、ある人から手紙を出したらどうかとすすめられ、水俣病患者、とくに胎児性患者に会っていただきたい、と書きたかったらしい。でも皇太子妃の祖父の問題があるし、直訴状みたいなかっこうになってしまうので思いなおした。

「なかなか書けないいな」

と、思案に暮れた石牟礼さんが言ったのは、

「句を送ります」

そうして紙に毛筆でしるしたのが、水俣病闘争のさなかにつくった一句であった。

祈るべき天とおもえど天の病む

これに皇后が皇太子を出産したときのようすをイメージして、女人が可愛らしい赤ん坊を抱いている絵を添えた。

するとしばらくして宮中の女官から、「天」とは陛下のことでございましょうかとの問いかけがあった。もとより、そんな意図などない。皇后に手渡されたかどうかは定かではないけれども、のちに会ったときの態度から、きっと読んでおられるのだろうと石牟礼さんは受けとめた。

ともあれ、時代が時代なら不敬ととられてもおかしくはないこのような一句を送るのは、やはり異能の人と言うほかない。

後者の手紙は、山百合忌の席で「こんど水俣に行きます」と皇后に告げられたあと、熊本にもどって書かれた。代筆した米満さんが、文面を正確に記憶していた。

水俣では、胎児性水俣病の人たちに、ぜひお会いくださいませ。この人たちは、もうすっかり大人になりまして、五十歳をとっくに越えております。多少見かけは変わっておりますが、表情はまだ少年少女です。生まれながら、ひと口もものを言えぬ人たちです。歴史を語れる人たちは、とっくに死んでしまいました。いまでも発病する人が、あちこちにいらっしゃいます。ものも言えぬ人たちの心の声を察してあげてください。

そして最後に、つぎの句を添えた。

毒死列島身悶えしつつ野辺の花

東日本大震災と福島第一原発爆発事故のあと、「絶滅と創成とが同時に来た」と直感してつくった一句である。

渡辺さんが、部屋にはいって来られた。わき目もふらず、じっと石牟礼さんのようすを見て、

「あなた、ちょっと揺れかたがひどいねえ。入院まえにもどったみたいじゃないか。医者はわかっとるの？」

と、心配そうな顔を米満さんに向ける。

「薬はさっき飲んだんですが、夕方になると薬がたまってきて、こぎゃんふうに揺れが出てくるとじゃなかですかねえ」

米満さんは、あわてるようすもなくこたえる。

私がなにをしに来ているのか知っている渡辺さんは、

「真実に生きることができる社会なんて、天皇もいいことをお話しなさったじゃないか」

と言った。

へえ、この先生もそんなふうに受けとっておられるのかと、妙に感じいっていると、

「しかしあなた、なんだか揺れかたが、まえよりひどくなってるじゃないか」

と、また石牟礼さんを見る。

車椅子だからいいものの、肘掛けがなければ振り落とされてしまいそうなはげしさなのである。

「私の体んなかにも水銀がはいっとるとじゃなかでしょうか」

真顔で石牟礼さんが渡辺さんを見上げる。

「そぎゃんことはなかでしょう。あなたが育ったのは浜じゃなくて、内陸のほうでしょうが」

「そうでしょうか」

腑に落ちない顔でこちらに視線を移し、震える手を差し出して見せながら、

「この症状は水俣病とおんなじです。私は水俣病だと思とります」

と、言うのだった。

なにかの文章で、四十代半ばごろに片方の視力が急速にわるくなってきたとき、どうして自分には水俣病が出ないのかと思っていたが、これで少しは患者さんたちの苦しみに近づけたかもしれない、というようなことを書いているのを読んだ記憶がある。パーキンソン病は神経変性疾患の一種であるが、これに罹《かか》った石牟礼さんは案外本気で水俣病が自分にも出たと思っているのではないか、と私は疑った。

「京二さん、私、あした水俣に行きます」

と、突然、石牟礼さんは渡辺さんに言った。

「えっ、水俣に行く？」

「はい」

「先生には言ってあるの？」

「はい、言ってあります」

と、米満さんが引きとって、

「ついさっき、そう言いだされたんですよ。日帰りで行ってきます」

石牟礼さんが、私を見て、

「家が……私の家があした、解体されるんです。むかし父の亀太郎が、素人ごしらえで建ててくれた家なんですよ。古い木材や、大水のときに山から流れてきた木を何年もかけて集めて乾かしておりました。それで建ててくれたんです。あの家にミシンが置いてあるとですよ。あれを運び出してやらんば」

「もうミシンは、一週間まえに運び出しとるでしょう、あなた。たいていのものは運び出してありますよ」

と、渡辺さんは言い、私をふり返って、

「ミシンはね、むかしこの人が洋裁をしよったんですよ、家計の助けでね。愛着があるんです」

「あした解体されるていうけん、最後に見に行きたかです」

「じゃあ、病院のほうは大丈夫なのね。出発は何時？」

「十時です」

「そしたらあなた、ほら、髙山さん、一緒に行ってきなさい。ここから水俣までは車で二時間ばかりかかるから、米満さんの車のなかで話を聞けば、ゆっくりあるでしょう。それがいい、そうなさい」

「十時」というのは誤りだった。石牟礼さんの思い違いはよくあるらしく、夜中に渡辺さんから電話がかかってきて、

「あなた、たいへんだよ。あしたは朝七時に出発するんだってさ。だから六時半に病院まで来てほしいそうなんだよ。大丈夫？　ちゃんと起きて行けますか？」

私は「はい」とこたえて、連絡に感謝して電話を切った。

あくる日、六時半に病院を訪ね、米満さんからいただいたコンビニの握り飯とお茶をもって一階のロビーにくだり、石牟礼さんの身支度が終わるまで待っていた。ワンボックスカーの後部シートに石牟礼さんと隣りあって坐り、高速道路を南へ走りはじめた車のなかで、私はレコーダーのスイッチをいれた。

十一月にはいったというのに気温は高く、私は薄手のコートを脱いだ。八代《やつしろ》ジャンクションを過ぎてまもなく、天草の島影を遠くにおいて、青空の下に不知火海が見えはじめる。

2

東京の山の上ホテルには、前日にはいって一泊したという。

山百合忌は正午からひらかれる。朝食のパンがおいしくて、でもたくさんあって食べきれないので、「もったいないからお昼に食べましょう」と石牟礼さんが言った。昼は昼で食事が用意されている。それなら熊本にもって帰って夕餉《ゆうげ》の卓にあげましょうと、米満さんはクロワッサンをいくつかホテルの人に包んでもらった。

むかし石牟礼さんは、このホテルで缶詰めになったことがある。

「なんのときだったろうか……。『椿の海の記』……じゃない。あれの姉妹篇がある……。『あやとりの記』のときでしたかね」

二人は本館のツインルームに泊まった。窓の外は明治大学の建物。皇后の隣りに坐ることが決まっている。車椅子で行くわけにはいかないだろうと、石牟礼さんは気をつかう。

「この椅子じゃ腰の位置が高かとこにくるけん、皇后さまを上から見下ろしてしまいます」

とはいえ、肘掛けつきの椅子でないと横に倒れてしまう。どうしたものかと米満さんは思っていると、部屋にちょうどよい高さの籐《とう》の椅子が置いてあるので、

「これがよかっちゃなかですか。これにその座布団を敷いて……」

と、石牟礼さんがいま敷いている低反発の座布団を指して言い、ホテルの人に頼ん

で会場に運んでもらうことにした。

広間でひらかれた山百合忌では、皇后の左側に坐った。生命誌研究家の中村桂子、静岡県知事の川勝平太の挨拶につづいて、石牟礼さんが皇后の隣りに坐ったままスピーチをした。

ところが、この直前までなにを話していいものやらと思い悩んでいた彼女は、『言葉果つるところ』のあとがきに鶴見和子とのあれこれが書いてあるので、それを土台にしてお話しになったらどうかと米満さんにアドバイスされ、本をもって来ていた。それをそのまま、つっかえつっかえしながら朗読をはじめたので、約束の五分間のスピーチが四十分にもなってしまった。

以下、米満公美子の話――。

私は中腰で本を支え、マイクを石牟礼さんに向けていました。そうしたらいつまでも朗読が終わらないので、最後のほうではとうとう足が痺《しび》れてきて、ちょっとすみません、とことわって、本から手を放し、体勢を変えようとしたんです。そしたらそのとき、隣りから美智子さまがさっと手を出され、本に添えてくださいました。

私が足の位置を変えてから十秒はなかったと思いますけれど、その間ずっと添えてくださって……。美智子さまはそれまでも石牟礼さんのほうにずっと体を向けて、目をお離しになりませんでしたから、とっさにそういうことができたんですね。もちろん私は体勢が整うと、ありがとうございましたと申しあげて、かわっていただいたんですが。

石牟礼さんのスピーチのあとは休憩にはいる予定でした。でも時間が押せ押せになってしまって、休憩はなしになり、すぐに食事に移りました。すると美智子さまが石牟礼さんの肘掛けに手を伸ばされ、「もう少しそばに寄りましょう」と、石牟礼さんの椅子を引き寄せようとなさるんです。朗読のあいだ私がお二人のあいだにはいっていたので、ちょっと席が離れていたんですね。自分で引こうとなさるものだから、私がボーイさんを呼んで、石牟礼さんの席を美智子さまのほうへ動かしてもらったんですが、そんなふうになんでも自分でなさろうとするので、びっくりしたんです。

食事はバイキング方式でした。お二人のテーブルにだけは給仕の方がつかれて、あれやこれやとお料理の皿をもって来てくださるんです。私は石牟礼さんの隣りのテーブルでしたので——石牟礼さんがよく見える位置に坐らせてもらっていたんですが——、「これ、おいしいですよ」と言って、美智子さまが料理をとりわけてくださる姿がよく見えました、サンドイッチとか、お寿司とか。「ご不自由なことがあったら、なんでも言ってくださいね」と、お声掛けをされて、ずっとお世話をしてくださったんです。私はそのようすを隣りのテーブルから眺めながら、しっかりご飯をいただきました。もう全部、皇后さまにお預けして——。

車中の石牟礼さんは、「エン、エン、エン」と、乾いた咳のようなものをしばらくしている。ティッシューを一枚とってやると、口にあてていたが、

「口んなかが、えらく渇いとっとです。喉もからからで、胃のなかまでからからに渇いてる。痰がからんどるかと思いましたが、出らんです。すみませんが、そこのお茶を……」

と、ペットボトルのお茶をほしがる。

一四〇センチあるかないかの小さな体は、だいぶ痩《や》せてしまっている。口内を湿らす程度にほんの少しだけお茶を飲んだあと、すぐに返して、一九三一（昭和六）年、昭和天皇がチッソを激励するため水俣を訪れた四歳のころの記憶を語りだした。『苦海浄土』にも書かれているが、やはり本人の口から語りだされてみると異様な迫力がある。

昭和天皇訪問にさいして、警察は異常なまでの厳戒態勢を敷いた。「おもかさま」

とは、狂気にふれた盲目の石牟礼さんの祖母「モカ」のことであるが、ある日、サーベルをさげた巡査が家にやって来て、天皇陛下のお目に触れぬよう「おもかさま」を不知火海に浮かぶ恋路《こいじ》島《しま》へつれて行け、と言う。

――そのとき、お父さまは巡査になんと？

「それは天皇陛下のお心でございますか、と。わしは、兵隊検査にも通らにゃった、天草生まれの水呑み百姓の倅《せがれ》でござす。陛下のお役にも、お国のお役にも立てませず、まことに申しわけなく思って今日まで生きてまいりました。ばってん、それが陛下のお心としても、わしは親の首に綱つけてまで離れ島にやろうごたあせん。わしは冠も身分もなか、ただの水呑み百姓の倅でござすが、どがんしても離れ島につれて行けと言うならば、そのごんぼ剣ば貸しなっせ。ばばしゃんを切り殺して、わしも切腹いたします……。亀太郎は、そう言いました。私、はっきりおぼえとる」

――そばで見ていたんですね。

「亀太郎のうしろに坐らせられておりました」

――巡査はどうしました。

「うしろに飛びさがりましたがね。いきなり亀太郎が、ごんぼ剣を握ったから」

――巡査のサーベルをつかんだんですね……。おばあさまは恋路島には行かなくて済んだんですね。

「そのかわり、家から出すなと言われました」

石牟礼さんは田んぼに敷かれた茣蓙《ござ》に正座し、水俣駅から工場にはいる車列をお迎えした。みないっせいに頭を下げるなかで、四歳の幼児はひとりきょとんと顔をあげていたが、車の窓しか見えなかったという。

「皆様方は、陛下さまに会えてよかったと言っておられましたが、私にはなにも見えませんでした」

祖母が「おもかさま」と呼ばれるいわれは、モカという名前からくるのとはまた別の、特異なニュアンスがこめられていた。このような口説《くどき》を、とりとめもなく歌うからだ。

重かもんな　失《う》してろ
重かもんな　汚穢《きたな》かもん
汚穢かもんな　ちーぎれ
役せんもんな　しーね死ね
綿入れン綿も　ちーぎれ

男もおなごも　べーつべつ

重たい宿命を背負って生きる祖母を、こうして近隣の人びとは「おも《（重）》かさま」と呼んだ。自分の運命の重荷の身代りになってくれているとうけとめ、だれもいじめる者はいなかったらしい。

気狂いのばばしゃまのお守りは、私がやっていたのです。ばばしゃまは私のお守りをしてくれていました。そこでふたりはたいがい一緒で、ばばしゃまが私を膝に抱いて、髪のしらみの卵を手さぐりでとってくれたあと、今度はその私のミッチンが後にまわって、白い髪を結ってやりペンペン草などをさしてやるといった具合いでした。ばばしゃまは夏は大がい綿入れの小袖を好み、その着ている小袖から綿を少しずつちぎって捨てるので、私はそれを拾って人形を作ります。

石牟礼道子「愛情論初稿」

二人は、ときどき魂が入れ替わる。といって、どちらがどちらに成りかわっても、なんの不都合もない。二体でひとなりの枇杷《びわ》か無花果《いちじく》のようでもあり、人によっては若いころの「おもかさま」とそっくりだと、幼い道子をつかまえて、うれしそうに言う人もあったらしい。同魂の絆を天皇陛下の名のもとに引き裂くのかと、巡査の態度を眺めながら、子ども心に道子は思っている。

さっきまで空咳《からせき》をしていた人が、父親の口上を述べたときの張りのあるあの声音は、舞台女優もこうであろうかと思うほど、天から降ってきた霊妙な力に押しあげられているようだった。

無差別大量毒殺行為をおこなったに等しいチッソと、そちら側に立って嘘八百を平気で言いつのりいじめ抜いてきた国家や地方行政にたいして、どう考えても間違っているとは思えぬ要求をつきつけ――それは一九五九（昭和三十四）年、チッソ側が患者家族にたいして、死者一人につき三十万円、生存者には年間十万円というとてつもなく少額の見舞金を出すかわり、将来水俣病の原因がチッソだとわかってもそれ以上の要求はしないという契約を結ばせたことが伏線になっている――、それによって同病の者からも悪口を言われ、市民やチッソの手の者からは差別攻撃をうけながら、あしたの糧《かて》もきょうの治療費も払えず苦しみもがく民衆にとって、天皇とはどういう存在なのであろうか。そのときどきの政治体制に準ずるように生き抜いてきたが、彼を奉じる権力者たちから酸鼻の極みを味わわされ、怨念と悲哀とを噛みしめて生きていかざるを得ない民草《たみくさ》にたいして、天皇はいつも無言、虚ろのごとくある。

いまさらお二人に来てもらったところで、水銀中毒の連鎖には終わりがない。「全国豊かな海づくり大会」で、天皇皇后は不知火海にヒラメとカサゴの稚魚を放流したが、立っていたその場所が、一九三二年から未処理の工場排水を轟々とたれ流されてきたあの忌まわしい百間港であったことはご存知だっただろうか。湾を埋め立てて、放流の場所「エコパーク水俣」はつくられている。そこの一角に建つ水俣病資料館で「語り部の会」の緒方正実会長から話を聞いて、地下には汚染魚がつめこまれたおよそ三〇〇〇本のドラム缶が埋まっていることに驚かれたことだろうが、果たして水銀汚染はこれでほんとうに終わったと思われただろうか。

水俣病救済特別措置法――私見ながら「救済」の文字は加害者がつかうべきではない。「補償」とすべきである――が施行され、両陛下は水俣病患者とも会い、言葉をかけた。稚魚の放流は、水銀地獄の終息を謳《うた》いあげるものだ。これでチッソや国をはじめとする行政としては、「水俣病事件は終わった」ということにしたいのだろう。つまり彼らの側に立ってみれば、天皇皇后は政治利用されたのだ。おそらく、なにもかもわかったうえで、お二人は水俣を訪問されたのだろうが――。

「救済」の名をつけられたこの法律は、二〇〇九年に成立している。未認定患者に申請・検査をさせて、その結果、患者と認定された者には二一〇万円の一時金と、自己負担した医療費を支給するというものだ。一時金とは見舞金のことだろうが、かつておびただしい返り血を浴びながらもぎとった一六〇〇万円から一八〇〇万円の慰謝料とくらべたら、おそろしいほどの低さである。

加えて、この法律の定める申請条件が、きわめて限定的なのであった。不知火海沿岸全域を対象とするのではなく、政府の指定した地域に居住歴のある者が対象とされた。しかも水俣病の原因企業であるチッソが、メチル水銀をふくむ工場排水を流すのを止めた翌年の一九六九年十一月までに生まれた者とされた。これ以外の人びとは、汚染魚をたくさん食べたという証明（領収書など）を求められた。どうやって証明しろというのだろうか。

二〇一〇年五月から受け付けがはじまり、二年後の七月末に締め切られたのであるが、熊本、鹿児島、新潟の未認定患者をあわせた四万七九〇六人の申請者にたいして、一時金の支給が認められたのは三万二二四四人。このほか医療費の支給対象となった者は六〇〇〇人あまり出た。対象から外された者は九六四九人であった。

もうひとつ、法律施行によって同時にすすめられたのが、チッソの分社化である。

どんな話かというとこれもまた面妖な話で、利益を生み出す事業部門を独立させて、チッソ本社は補償金の支払い業務のみをおこなう、というもの。チッソはＪＮＣ株式会社という子会社をつくり、各事業と資産のすべてをそこへ譲渡した。いま水俣駅まえのチッソ工場には、「ＪＮＣ」の看板が大きく掲げられている。

患者団体が反発したのは言うまでもない。これから水俣病の被害を訴えようと思っても、訴える相手がいないではないか、泣き寝入りさせるのか、というのだった。抜け殻同然となったチッソ本社に、企業としての実体はないのだ。

病気も事件も終わっていない、と石牟礼さんは考える。

「全国豊かな海づくり大会……テレビで稚魚を放流なさる場面を見ましたけど、バケツに生きとる小魚をいれて、ざあっと海にこぼす。ばってん、海の下におる海藻とかからは、水銀は減らんでしょうからね。だいたい、私、見ていると、なんらかの症状が出てくるんです。リウマチのかたちで出るとです。どうやって豊かな海にするのか。海の水ば全部さらいに行くか。そぎゃんかこつ、できんでしょう」

ふたつの思いに石牟礼さんは引き裂かれている。天皇皇后の訪問を素直によろこびたい気持ちと、水俣病はまだまだ発生するし、患者とその家族の苦しみはいつまでもつづくという恐れと。宴が終わってみれば、恐れのほうがつよくなっているように見える。

3

運転席の米満さんにレコーダーを差しのばして話のつづきを聞く。

十月二十八日午後、石牟礼さんは入院先のリハビリ病院を急遽《きゆうきよ》出て、熊本空港へお二人を見送りに行った。自分が願っていた胎児性患者との面会を果たしてくれたと知って、直接声はかけられないとわかっていても、お二人の姿に向かって礼を述べたかったのだ。

たくさんの人びとが、空港につめかけていた。空港ビルのはからいで、ロビーの入口あたりで幾人かの警官にガードされ、少しだけ特別に専用のスペースがつくられた。

「立たせてください」

お二人の車が着いたとき、石牟礼さんは米満さんに頼み、立ちあがらせてもらった。それからどうなったかというと、熊本日日新聞の浪床敬子記者の記事に、

〈美智子さまは石牟礼さんの姿を見つけて一瞬歩み寄ろうとされたが、警備の関係か

ら近寄ることはできず、何度も振り向いておじぎをしながら、階段を上っていかれた〉（二〇一三年十月二十九日朝刊）

とある。

――空港で皇后と目と目があったとき、どんな言葉が浮かんできたんですか。

「たいへん悩んでいた」

――というのは？

「まず、お出迎えに行けなかったんです。それで、すべての行事を終えてお帰りになるときこそは、お礼を申しあげたいと思っていたんです。だけど、お疲れになってお られるだろうから、あえてお声をかけまいと思っていたんです。でも、空港に来られる時間が迫ってくると、せめて目と目だけでもあわせられたらよかばってん、と思っていました」

――米満さん、そのときのことを教えてもらえませんか。

「もともと石牟礼さんは、両陛下が来られる前日に水俣へ行ってお出迎えがしたい、と言っておられたんですよ。でも水俣の家で一泊するには、お蒲団のほか日常のことを私が事前に行って準備しなきゃいけない。ホテルにも介護の設備がありませんから、とても水俣で一泊するのは無理です、と私が言ったんです。

そのまえに皇后さまに出した手紙のなかで、いま自分は入院中で、お出迎えに行きたいのだけれども、それもかないません、ということを書かれていたんですね。それで胎児性患者の人たちと両陛下が会われたとき、彼らにつき添っていた『ほっとはうす』施設長の加藤タケ子さんに、石牟礼さんにくれぐれもお体を大事になさいますようお伝えください、という伝言を皇后さまがされたそうなんです。ですから、まさか石牟礼さんが見送りに来るとは思いもしなかったところに、石牟礼さんの姿を見つけられて、とてもびっくりしたお顔をなさっていました」

――見送りに行きたいと石牟礼さんが言いだしたのは？

「前日の夕方でした。お見送りに行っても、たくさんの人がいるだろうから、目と目をあわせることもできないかもしれませんよ、と申しあげたんですけど、それでもいいから行きたい、と言って」

はじめ二人は、二階のカフェで待機させられた。あらかじめエレベーターの上り口のあたりをしめされて、時間が来たらお呼びしますのでここに来てください、ここからだと入口からまっすぐにはいって来られるので、きっと両陛下からも見えやすいでしょう、と指示されて。

そこには警戒線のロープが張られていたが、人が殺到してくる可能性がないではなかった。すると警察官が何人かでガードしてくれ、寄ってこようとする幾人かを制止した。天皇皇后を乗せた車が到着するのが見えた。

「そのとき、立ちたいと石牟礼さんがおっしゃったんです」

と、米満さんが話を継ぐ。

「入口からはいって来られた両陛下は、両側につめかけた人たちに手を振りながらゆっくりと歩いて来られる。そして、美智子さまが石牟礼さんに気づかれたんです。そのときの眼差しといったら……、あれは視線じゃないです、眼差しですよね（と、ちらりと石牟礼さんをふり返って）。その眼差しがぴたりと石牟礼さんと合って、美智子さまの足が止まったんですね。そして、陛下になにか耳打ちをされた。聞こえていないのでこれは私の想像ですが、『石牟礼さんが来られてますよ』と、おっしゃったような感じで……。陛下もこちらを、ふり向かれました。そして石牟礼さんに向かって、すっと頭を下げられたんです。『皇后から聞いていますよ』というふうに。

ほんの数秒間、お二人とも足を止めて、美智子さまは石牟礼さんの目をじっと見つめて、その数秒間に、お二人のあいだでは会話ができていたと思うんです。そしてエレベーターを上って行かれました。

するとまもなくして若い侍従さんが下りてこられ、『皇后さまからのご伝言がございます。ちょっと、だれもいないところに移動してください』とおっしゃる。ロビーの奥に移ったところで、石牟礼さんに耳打ちするようにして、このように告げられました。『お見送りに来てくださって、ありがとう。そして、これからも体に気をつけてお過ごしください』と。あれがご公務でなければ、皇后さまも近づいて、いろいろとお話をなさりたかったんでしょうけど……」

「あんな若い侍従さんがおられるんですね」

と、石牟礼さんが言う。

「侍従というのは、どぎゃんしてならるるもんでしょうか」


車は日奈久《ひなぐ》まで来て、不知火海が近くに見えた。

「うわっ、満潮ですね、いま」

窓の外に目をやって、米満さんが声をあげる。

海はさざ波ひとつ立たず、満々と張りつめて、天草のきわまで青かった。

「また、合唱がはじまった」

と、突然、石牟礼さんが言いだした。

――なんですか、合唱って？

「石牟礼さんの頭のなかには合唱団がいて、歌がはじまるんです」

と、米満さんが笑う。

――どういう歌が、いまは聞こえるんですか。

「ルールール、ルールルルール……」

石牟礼さんは、スキャットふうに透明な声をひびかせて、『島原の子守唄』が聴こえよります、と歌いだす。

おどみゃ島原の　おどみゃ島原の
なしの木育ちよ
何のなしやら　何のなしやら
色気なしばよ　しょうかいな
はよ寝ろ泣かんで　オロロンバイ
鬼の池ん久助どんの
つれん来らるばい

島原のなにもない田舎で、自分は育った。色気もなにもないところだよ。背中で泣く子よ、はやく寝ておくれ。鬼の池から女郎買いが来て、つれて行ってしまわれるぞ――。

でも歌声は、「なしの木育ちよ」で途切れてしまった。

「声が出らん」

「お茶を飲みますか」

「はい」

カーディガンの胸のあたりに、しずくが少しこぼれる。ティッシューで拭《ぬぐ》いとってやる。

「不知火海が見えてきたんで、合唱団が歌いだすんじゃないんですよ」

と、米満さんが言い添える。

「入院してしばらくしてから、最初、『君が代』が聞こえる、と言われとったんです。ね、聞こえるでしょ、と私にもおっしゃるんですが、当然、聞こえるはずがありません。一の谷の合戦の歌（『青葉の笛』）とか、『五木の子守唄』とか、以前、あの居室にいたときに、夜になると歌いよんなはった歌ばかりなんです」

「不思議でね。私は、近所に合唱団があるんじゃないかと思っていたんですよ。いまさっきから聞こえてきた。今朝も聞こえた。毎日、聞こえるんです」

石牟礼さんはこちらを見て、笑みをひろげ、

「『十五夜お月さん』『浜辺の歌』『椰子の実』……、ああ、男の声がはいってきた」

と、目を遠くに投げる。

——合唱団は子どもたちですか。

「いやあ、青年たちでしょうね。下手もおるですよ、調子っぱずれなのも。合唱団の音痴というのも、おもしろかもんですよ。私、だれにでも訊《き》いてみるんです。合唱団がこのあたりになかですか、って。ほら、いま歌いよるでしょうが、って。みなさん、聞こえんと言いなさる」

歌声は波のようにつぎつぎと打ち寄せてくるようで、

「あははは。また、あの歌がはじまった」

と、無邪気な笑い声をあげて、

「『春が来た』を『猿が来た』て歌いよる」

そう言って、まぼろしの合唱団にあわせて歌いだす。ソプラノの声が、こんどはよく伸びていく。

猿が来た　猿が来た　どこに来た
山に来た　里に来た　野にも来た

米満さんと私も途中から合唱団に加わり、歌い終わると三人で笑った。

両陛下の訪問で、この世における石牟礼さんの仕事も、終幕を迎えようとしているのだろうか。

——皇后からは、あれからなにか連絡はありましたか。

「ありません。私、お友だちになりたかった、文学のお友だちに。あのお方の文章が私はとても好きです」


いずれかにおわすまことの仏さま。

このような気持でまいりましても、まだでも、わたくしどもをお救いくださいませぬのでございましょうか。


四十三年まえ、チッソ株主総会のときに彼女が書いて配ったビラは、このように締めくくられている。

水俣の家が解体される。自伝もじきに出版される。入院といい、天皇皇后の訪問といい、自伝の完結といい、家の解体といい、まるで秋の陽のつるべ落としのように、足ばやに、いちどきに殺到する。石牟礼さんをどこかへ連れ去ろうとするかのように。

4

家は水俣川の河口に近く、けっこう内陸に寄っており、小さな櫨柑山を背にしていた。

着いたのは午前九時五十分。無情にも解体工事がはじまっている。椿、銀杏《いちょう》、枇杷の木々が腰低く生えた小さな庭の向こうに見える家は、外壁を青いトタン板で張りめぐらしただけのつましさで、窓がすべてとりはずされ、内部が素通しになっていた。屋根や柱には、まだ手がつけられていなかった。

石牟礼さんの表情は、どこか呆然としたように、少し口をひらき加減にしている。

「なかに行かせてください」

私は車椅子を押して、庭の小路を行き、家のそばに寄った。

「ミシンは？」

「一週間まえに運び出してありますよ」

米満さんの声に、安心したような顔になったが、さびしさがつのるようで、黙り込んでしまう。

職人が三人ほど、作業をやめて、時間をもてあますふうに屋内に佇《たたず》んでいる。土足であがってよいものらしく、私は石牟礼さんをおいて、靴を履いたまま家にあがった。

庭に向かって、出窓が設《しつら》えられている。

「ここに小さな木机をおいて、『苦海浄土』を書かれたんです」

と、米満さんが言う。

渡辺京二氏がこの家のありさまについて、むかし書いた一文がある。これから創刊しようとしている「熊本風土記」への執筆依頼をするために、熊本市内からバスに乗って石牟礼さん宅をはじめて訪れた日の回想である。

当時、彼女はまだ完全にひとりの主婦として暮していた。（昭和）四十年の秋、はじめて水俣の彼女の家を訪れた時、私は彼女の「書斎」なるものに深い印象を受けた。むろん、それは書斎などであるはずがなかった。畳一枚を縦に半分に切ったくらいの広さの、板敷きの出っぱりで、貧弱な書棚が窓からの光をほとんどさえぎっていた。それは、いってみれば、年端も行かぬ文章好きの少女が、家の中の使われていない片隅を、家人から許されて自分のささやかな城にしたてて心慰めている、とでもいうような風情だった。座れば体ははみだすにちがいなく、採光の悪さは確実に眼をそこなうにちがいない。しかし、家の立場からみれば、それは、いい年をして文学や詩歌と縁を切ろうとしない主婦に対して許しうる、最大限の譲歩でもあったろう。

「『苦海浄土』の世界」

「畳一枚を縦に半分に切ったくらいの広さの、板敷きの出っぱり」と、渡辺さんは書いている。たしかに居間としてつかわれていたと思われる六畳間の先の、「板敷きの出っぱり」だ。

その隣りの六畳間は、夫婦の寝室だったらしく、小さな縁側があり、ミシンはその隅に置かれていたらしい。

出窓には、まだ片付けられていない置時計が横になっており、真鍮《しんちゅう》製のペン立てがひとつ、そこにボールペンや鉛筆、なぜかパイプもささっている。巻貝の貝殻を耳にあててみると、潮騒の音がする。きっと石牟礼さんがどこかの浜でひろってきたのだろうと思い、見せに行ってみたけれども、少しも反応がない。

天井は頭に迫るくらい低くて、三畳ほどの台所のほかに、全部で三つ部屋がある。それらの部屋のすべての壁に沿って、手づくりと思われる大きな木製の空の本棚が並んでいる。台所からは急で狭い階段が天井に向かってのぼっており、息子さんのためにつくられたらしい屋根裏部屋につづいていた。

出窓のある六畳間に、大きな段ボール箱がどんと置いてある。蓋《ふた》は閉じられておらず、いろんな紙類がたくさん投げ込まれていた。のぞき込んでみると、どうぞ見つけてくださいと言わんばかりに、いちばん上に「苦海浄土」と墨で書かれた四百字詰め原稿用紙が横たわっていた。

苦海浄土
苦海浄土
空に浮き出ろ　花の祈りを
空の奥に咲き出ろ

空の奥に花の祈りを
咲き出ろ
空の奥に咲き出ろ
咲き出る花の祈りを

身悶えするような文字の乱舞である。

ものを書いているなんて、ご近所さまにはさとられぬよう、昼間はしっかりと農作業と主婦業をこなし、真夜中には詩人、作家に変身する。道を往けば、そこかしこの家から、苦しみもがく人びとの断末魔の声が洩れ聞こえてくる。暴れる音がする。しんと静まり返る夜更けには、息のできなくなった喉からやっとしぼり出される業苦の呻《うめ》きが響きわたる。「おもかさま」と交魂してきた彼女には、それらの人びとの苦悶する魂が乗り移る。このような祈禱《きとう》めいた言葉を書きなぐる夜も、一夜や二夜では済まなかったはずだ。

段ボール箱には、ほかにも『日教組二十年史』とか、中身のない『広辞苑』の箱とか、「女性セブン」「ミセス」といった雑誌とか、これで文学の勉強をしていたのだろうと思われる「新日本文学」だとか、どっさり詰まっていた。未使用の原稿用紙がさらにその下からあらわれて、なにも書かれていないのでがっかりしていると、そのさらに奥に、なにか文字のたくさん綴られた原稿用紙が束になってあるのを見つけた。とりだして見ると、それは『苦海浄土』第一部第四章「天の魚《いを》」に照応した。タイトルはつけられていなかったが、なぜそのように確信できるのかというと、「杢太《もくた》郎《ろう》」の文字が散見されたからだ。

庭にいる石牟礼さんのところへ、三十枚ばかりのそれをひっつかんでもって行くと、

「これ、きっと『苦海浄土』ですよ。杢太郎少年のことが書いてありますよ」

と、私は興奮気味に言った。

「まあ」

と、石牟礼さんも驚いて原稿用紙を両手にとって、しばらく黙ってめくっていたが、やがておもむろに声に出して読みはじめる。

「彼は市役所衛生課のお迎えが八ノ窪の坂を上ってくると、腰を伸ばしたり、杢太郎のほうに白髪頭を寄せて、『杢よい、お迎えの来られたぞ。バスに乗って来るぞ。よか着物ば着て、おしめを替えて行こうない』というのである。彼の孫は口は全然きけぬが、耳はよく聞こえ、聞き分けのいい少年であった……」

眼鏡をかけているけれども、渡辺さんがいつか教えてくれたように、まるで枡目を無視した書きかたをしているうえに、文字も小さく、天眼鏡がなければとても読みつづけられるものではなかった。

「これはなんと書いてありますか」

この質問で朗読は途切れ、裏の山からチェーンソーの音が聞こえるばかりになった。

杢太郎少年は、「天の魚」で描かれたとき九歳であった。いま本になっているそれを読み返してみると、石牟礼さんが朗読した文章はどこにも見当たらず、草稿であったことがわかる。杢太郎少年は「排泄すら自由にならぬ胎児性水俣病」患者で、彼をいれて六人家族で暮らしている。世帯主は父親だが、「彼の言葉は、あの水俣病特有のもつれ舌」で、働くこともできず、妻にも逃げられてしまった。それで老いさき短い祖父さま夫婦に育てられていた。このように石牟礼さんは書く。

彼の体自体が食事というものを拒否するしかけになってゆきつつあり、三日に一日は青くじっとりと汗ばみつづけ絶息状態になるのである。……少年はすり抜けることのできないせつない蚕《かいこ》のように、ぼこぼこした古畳の上を這いまわり、細い腹腔や手足を反らせ、青く透き通ったうなじをぴんともたげて、いつも見つめているのだった。彼の眸《ひとみ》は泉のかげからのぞいている野ぶどうの粒のように、どこからでもぽっちりと光っていた。

このような杢太郎少年と彼の一家に、どれほど酷薄で非情な末路が待ちかまえていたことか――。

胎児性患者に会ってほしいという願いを、皇后に書き送った石牟礼さんの心の体温が、原稿用紙に書かれた文字や、あの祈禱めいた詩句に目で触れてみて、はじめて生々しく感じられてきた。

近代合理主義の人を人とも思わぬ仕打ちを呪いつつ、六十九歳の死のきわで、「チッソも国も、自分たちを差別した人たちも、なにもかも許す」と石牟礼さんに言った水俣病患者、杉本栄子さんの悲痛は、「許さんと自分が苦しか」ともらした真情にある。

チッソ東京本社での十三時間にわたった食事抜きの嶋田賢一社長――江頭豊氏は大阪での株主総会のあと会長に退いていた――との直接交渉のとき、川本輝夫は、体力の限界に達して救急隊に運び出されようとする嶋田社長にとりすがり、「俺《おる》が、鬼か」と、さめざめと涙を流す。社長の顔に降りかかるその涙を、石牟礼さんは「聖水」と呼んだ。まぼろしに終わった天皇への請願もまた、許しを与えてやれる人間に自分たちを導いてほしいという真情の裏返しではなかったのだろうか。

世界は、人類は、もう取り返しのつかないところまで来てしまったという絶望が、石牟礼さんにはある。

皇后も、そうなのかもしれぬ。それで、まさか見送りに来てくれるとは思いもしなかった人が、車椅子から立ちあがるのを見て、思わず足を止め、歩みだそうとしたのかもしれぬ。

第二章

会いたい

1

二〇一四年一月の「静」をお題とした歌会始の儀において、天皇はつぎのような御製を詠《よ》んだ。

慰霊碑の先に広がる水俣の海青くして静かなりけり

前年秋の水俣訪問のとき、あと二ヵ月で傘寿を迎えようとしていた天皇の胸中には、やはり水俣病で死んでいった人びとや、患者認定されぬまま死んでいった人びと、いまも中毒に苦しみつづけている人びと、そしてもはや自分の足で歩けなくなり、手も足も枯れ木のように折れ曲がって病院のベッドに横たわる人びとへの哀惜と鎮魂の思いを伝えたいとの気持ちがつよくはたらいていたのである。

いや、そうではないだろう。この御製は、水銀汚染が終わり、不知火海がきれいになったことを素直によろこぶ歌ではないか、とみる向きには、ほかに水俣をめぐって二首、以下のように詠まれた御製を紹介すれば、なるほどと理解してもらえるのではないか。

あまたなる人の患ひのもととなりし海にむかひて魚放ちけり

患ひの元知れずして病みをりし人らの苦しみいかばかりなりし

この二首は水俣訪問の十月二十七日から、その年の末までにつくられた御製である。

天皇は知っておられたのだろうか。この三首が、やがて埋立地に建てられる記念碑に刻まれるということを。

十三年の歳月と四八五億円の巨費を投じてつくられた「エコパーク水俣」と通称される埋立地の面積は、五八・二ヘクタール。東京ドームが一二・五個はいるという広大さだ。海側に整備された親水護岸から少し内側にはいったところに、水俣病で亡くなった人びとの慰霊碑が建立されており、天皇皇后は白菊の花を供え、だいぶ長く祈っていた。

そのときお二人の背後には、海をいくらか隔てて、濃い緑にすっぽりと蔽《おお》われた小島の神秘的な景観が横たわっていた。恋路島というそれは、ずっとむかし昭和天皇がチッソ水俣工場を激励に訪れるさい、「おもかさま」が穢《けが》れた者としてハンセン病者らとともに隠されようとした島である。

水俣湾では、一九七四（昭和四十九）年から一九九七（平成九）年まで漁をすることができなかった。汚染された魚たちをよその海まで行かせないために、そしてまた彼らを捕獲して焼却処分するために、長いときでは全長七キロ以上におよぶ仕切り網が張られていた。

古くは恋路島には定住者もいて漁業が営まれていたが、一九五二（昭和二十七）年には人が住まなくなり、それでも戦後しばらくは、バンガローやキャンプ場を訪れる人たちがたくさんいたという。しかし水銀汚染が声高に叫ばれるようになると、人のにぎわいはぴたりと途絶え、渡し船も廃止された。以後、島の存在は忘れられ、恋路島という名前すら地元の者は語らなくなった。

そのために島は戦後の乱開発をまぬがれて、手つかずの原生林に育っていった。

写真提供　共同通信社

二〇一四年の三月七日、日本列島は寒気団に蔽われて、いつもは青々と静かな不知火海からもつよい風が吹きつけて、縮みあがりそうだった。それでも天草の大小の島々に外海から守られた不知火の海は、波おだやかで、恋路島の濃い緑を目に映しながら親水護岸に沿った木道を歩いて行くと、ハート形のモニュメントが島と向かい合うようにして建っている。いまではこのように「恋人の聖地」として水俣市は売り出しているけれども、もともと地元の人は「こきしま」と呼び、「こいじしま」と言うようになったのは戦後のことらしい。

八代平野を南下してくると、しばらくまっすぐだった海岸線がぷつりと消え、ノコギリの歯のようにギザギザに入り組んだ険しい景観に変わる。小さな岬と小さな入江の連続は、それぞれの港に豊漁をもたらした。ノコギリの歯の先が平らになり、入江がすっかりなくなってしまっているところが、いまの埋立地なのである。

ハート形のモニュメントからそれほど遠くないところに、やはり恋路島と向かい合うようにして慰霊碑は建っている。千羽鶴が滝のように掛かり、「水俣病慰霊の碑」と刻まれた石の上には、

不知火の海に在るすべての御霊よ
二度とこの悲劇は繰り返しません
　安らかにお眠りください

と、文字が刻まれている。

被害とは無関係なよそ者の自分からしたら、なんでもない言葉にみえる。霊に向かってこのように呼びかけねばならぬほど、死んでいった人びとは、水銀中毒に苦しみ、差別に苦しみ、人の世の酷薄さを嘆き悲しんだことであろう。

すぐそばの木道には立入禁止のロープが張られ、なにか工事がおこなわれていた。作業員の一人に尋《たず》ねてみると、

「天皇陛下がお詠みになった俳句だか歌だかの記念碑ば建てよっとです」

ほお、と私はなにも知らなかったので驚きの声をあげた。稚魚を放流したのが、このあたりなのだ。

天皇御製碑はその一週間後の三月十四日に完成し、四日後に除幕式がおこなわれた。歌会始で詠まれた「慰霊碑の先に広がる水俣の――」と、それとは別につくられた「患ひの元知れずして病みをりし――」の二首は、御影石の碑文板の左半分に小さ

くならべられ、右半分に大きく掲げられたのは、「あまたなる人の患ひのもととなりし——」の一首であった。

除幕式の予定を報じる三月七日付の西日本新聞朝刊には、つぎのような興味をひく「関係者」の話が紹介されていた。

〈陛下が同時期に3首も同じ地域をテーマにすることは異例で、海づくり大会開催県で3首記された歌碑が作られるのも珍しい〉

やはり天皇にとって水俣訪問は、特別なものだったようだ。

同紙はまた、水俣病患者の代表として天皇皇后に直接講話をした緒方正実の、「陛下の水俣への深い思いが歌碑になり、被害者の心が癒やされる場所ができる。水俣病問題から目を背けず、多くの人が理解を深めるきっかけになる」との感想を載せていた。

蒲島《かばしま》郁夫熊本県知事は除幕式で、「被害に遭われた多くの水俣病患者、被害者の方々へのお心遣いや水俣の海の再生を願われる陛下の思いと豊かな海づくりの大切さを末永く後世に伝えていきたい」と挨拶しているが、歌会始で詠《うた》われた物静かな一首を大きく碑に刻むことをせず、「あまたなる人の患ひの——」と、水俣病事件被害者の霊魂に思いをはせる直接話法的な一首のほうを刻んだのは、だれの考えであったのか、それとも作者の希望が反映されたのか。

歌碑の建設現場からそう遠くないところに、まだ背の低い雑木林がひろがっている。いかにも区画整理されたような敷地に人工的につくられた林であるが、「実生《みしょう》の森」と書かれた小さな看板が立っている。

ツバキ、スダジイ、タブ、ヤブニッケイ——温暖な地方特有のさまざまな樹木たちが、おのれの生き場所を競いあうように枝や葉を繁らせている。

電話でインタビューの申し入れをしたとき、しばらく話をさせてもらった緒方正実は、「実生の森」のいわれをつぎのように語った。

水俣病事件をつうじて市民たちは敵味方に分かれ諍《いさか》いをつづけてきたが、仕切り網が外され、いろんな議論を経て埋立地が生まれたとき、傷つけあってきた者どうし「もやい直し」をしようではないかということになった。「もやい」とは舟と舟とをつなぎ漁をたがいに助け合うときなどに使う「舫《もや》い綱」から来ている。たとえば、寄合いをするときなどにも、「今夜、もやおうか」という言いかたを水俣ではする。みな仲直りをして、住みよい地域社会をつくり直していこうとの思いをこめて、市民たちが実生の苗をもちあい、植え育ててきたのだという。

その森の枝を分けてもらいながら、緒方正実は、こけしを彫っている。そのこけしを陛下にも贈りたいと、つよく念願したことがあった。

「こけしといっても、目も鼻も口も耳もありません。苦しみもがいて死んでいった自分の肉親をふくむたくさんの人たちや、三〇〇〇本のドラム缶に詰め込まれて埋立地の地下に眠っている汚染魚や、それらを食べて死んでいった鳥たち、猫たち……、ありとあらゆるそうした生きものたちの思いを集めて彫ったつもりなんです。顔はこけしを手にした人それぞれに、自分で思い描いてもらいたい、魂をいれるのはみなさんです、という意味合いをこめて……」

電話の向こうから緒方さんは、このようにも言った。

「両陛下とお会いして、あれからひと月近く経つとばってん、なんて言うたらよかっでしょうかねえ、まだジーンと体が痺れとるような感じでですねえ……。こぎゃんかこつ言うたら、相手さまに迷惑がかかるとかもしれませんが、あのとき両陛下と差し向かいで講話をしている自分の写真を、後日、熊日さん（熊本日日新聞）から記念にいただいて、ちょうどいま母親にもって行ったところなんですよ。一生にいっぺんもお会いできんようなお方に、おまえはお話までさせてもろてと、ほんとによろこんでくれましてね……、生まれてはじめての親孝行だったかもしれません」

母親も無論、認定患者だ。

2

私たちが会ったのは、埋立地の北側に立ちあがるなだらかな丘の上の水俣病資料館であった。丘はもとからあった岬で、突端のほうには天然の照葉樹林がひろがっており、資料館までのぼってみると、空の色を青々と映して不知火の海がきらきら光っていた。

この日（二〇一三年十一月二十六日）、緒方さんは、中学生の団体と幾人かの外国人たちのまえで講話をした。パワーポイントを上手に操って、自分の生い立ち、家族構成、家族を襲った惨劇、自分もそれと知りながら差別を恐れて三十八年間、水俣病を隠しとおして生きてきたこと、苦渋の果ての認定申請、しかしそれが却下され、以後十年間、怨念の火の玉となって認定をうけるまで孤独な闘いをくりひろげてきたこと、そうして二〇〇七年、ようやく謝罪と認定をうけ、いまでは「チッソを許す。いや、許した」という心境に達していること……などについて一時間半にわたって語り、ちょうどひと月まえ、この講話室で、みなさんにお話ししたのと同じ内容を両陛下にさせていただきました、と述べた。

スウェーデンから来たという髭面の大柄な男性から、もっとはやく認定申請をしていればよかったとは思わないか、後悔はしていないか、と質問されて、

「隠した歴史があったからこそ、いまの自分を獲得できたと思っています。苦しみも人生の一部だと思うからです」

と、こたえた彼は、その場で私にもこけしをくださったが、背丈十五センチあるかないかの目も鼻も口もない、のっぺらぼうの白木のそれを見ていると、こちらの本心を見透かされるようで不気味に感じられる。

三畳ばかりの広さの控室で対座した緒方さんは、自分から天皇皇后に面会したいとはたらきかけた事実を語りだし、石牟礼さんによって訪問が実現したと理解していた私は意表をつかれたのだった。

そのいきさつを述べるまえに、緒方さんのこれまでの五十六年をたどりなおしておきたい。

一九五七（昭和三十二）年十二月二十八日、不知火海沿岸の芦北町女島《めしま》で生まれた。不知火海がすぐ目のまえの網元の大きな家である。その前後、水俣病史にとってメルクマールとなる重大な出来事がおきている。出生の前年、奇病（のちの水俣病）

の発生が公式に確認され、出生翌年にはチッソ水俣工場が、メチル水銀の生成をともなうアセトアルデヒド製造工程用の排水路を、いまは埋め立てられている百間港排水口から水量の豊富な水俣川に切り替えた。水俣川の水勢は水銀をより遠くへ運び、これによって汚染が不知火海全域に拡大していった。

祖父に異常があらわれたのは、排水路が変更された翌年のことである。よだれをだらだら流す。自分でそれを止めることができない。痙攣《けいれん》がはげしくおこる。歩けば、ひっくり返る。言葉を話せなくなった——。熊本の大学病院で検査してもらったが病気の特定には至らず、水俣の市立病院に入院して、発症からわずか三ヵ月で「狂い死に」した。

解剖の結果、のちに急性劇症型水俣病と認定されたが、その祖父と入れ替わるようにして生まれてきた妹は、胎児性水俣病患者であった。一人の死と一人の誕生が緒方家の悲劇のはじまりであった。

網元としてあとを継いだ父親がはじめて水揚げした魚を積んで市場に行ったとき、責任者から「もって帰れ」と冷たく言われ、「なんじゃろか、魚が弱っていたのか」と訝《いぶか》しみながら海の上を家までもどろうとしていたとき、さまざまな思いがこみあげて悔し涙を流したという。

「おれの親父が狂い死にしたのは、魚が原因なのだ。それでおれの魚まで買ってくれなかったのだ」

父親がそのように息子に話して聞かせたのは、中学二年になったばかりのころだ。そのとき緒方さんは、このように言ったという。

「父ちゃん、おれが仕返ししてやる」

魚をいくら市場に運んでも買ってもらえぬまま、父親も急死した。息子に嘆いてみせてから一ヵ月後の一九七一（昭和四十六）年五月のことである。死因は心不全とされたが、水俣病に間違いないと緒方さんは思っている。認定申請を準備しているさなかの死だったのだ。

ほとんどすべての親族が水俣病事件の被害者となり、一家の未来は暗黒に塗りかためられてしまった。学校で「水俣病ではないか」と見られぬよう、「自分は魚は好かんから、家族のなかで自分だけが食ってこなかった」と嘘をつき、中学を卒業すると叔父や兄とともに漁師をはじめたが、一九七五（昭和五十）年、十七歳のとき、水俣病申請者をめぐって熊本県議会公害対策特別委員会の委員二人が、環境庁（現在は環境省）で、「申請者には補償金目当てのニセ患者が多い」と発言し、これをきびしく糾弾した叔父の緒方正人が傷害罪で逮捕される現場に居合わせた。

緒方さんが漁師をやめ、水俣の百間町にある建具店に弟子入りしたのは、交通事故に遭い、右大腿骨を複雑骨折したからである。これも水俣病が影響しているものと思われるが、すでに五歳のころには、よだれの症状があらわれ、小学五年時には運動失調のため体育の授業中に柱に頭をぶつけて大怪我をしたりしていた。副鼻腔炎の手術もしている。

水俣病であることを隠しつづけた彼は、やがて認定申請と行政不服審査請求をくりかえし、十年をかけてようやく認定と謝罪をうけることになるのだが、これについては両陛下に直接語りかけた内容を後述することにする。

天皇皇后に会いたいと考えるようになったのは、あるきっかけがあったからである。

二〇一二（平成二十四）年一月三十一日、水俣病患者と家族で構成される語り部の会一行は、沖縄にいた。ひめゆり平和祈念資料館、沖縄平和祈念堂、そして太平洋戦争中、米軍潜水艦の攻撃によって一四七六人の幼い生命が奪われた学童疎開の悲劇を伝える対馬丸《つしままる》記念館をめぐり、慰霊と講話の旅をしていた。

平和祈念堂で沖縄県の職員から、「特別室をお見せしましょう」と部屋へ案内され

たとき、そこが十脚ほどの椅子が並ぶだけのなにかよそよそしい空間だったので、

「ここはなにをする部屋ですか」

と、彼は尋ねた。

「天皇皇后両陛下と、そのご一族をお迎えする部屋です」

それを聞いて、生まれてはじめて「天皇を意識した」という。

「正面の二席以外なら、どこでもお坐りになってかまいませんから、どうぞ」

促されて五、六人の語り部たちはよろこびあって思いおもいに腰掛けたが、ひとり彼のみは坐ろうとせず、心をすっかり奪われてしまったように、その場につっ立っていた。

彼が見ていたのは、正面のふたつの椅子である。じっとそれを凝視したまま、

「この席はなんでしょうか」

と、わかっていながら訊くと、

「天皇皇后両陛下がお坐りになられますので、ここはちょっとご遠慮願いたいんです」

それでも目を離さず、あたかもそこにお二人が坐る姿を目に映しているように、ぴくりとも動かなかった。

川本輝夫の請願書をおぼえていたのである。

三十八年間隠しとおしてきた病気のことをはじめて行政に訴えたとき、まさかあんな手酷《てひど》い仕打ちをうけるとは思いもしなかった、と緒方さんは言う。水俣病事件の最終解決策として政府が出してきた医療事業申請を目のまえにつきつけられて、「申請しよう」と決断したのは一九九六（平成八）年のこと。五月に申請、しかし十二月に「非該当」の通知をうける。三十九歳になったばかりの彼は、翌年一月、水俣病認定申請をした。これも同年十二月、棄却された。

こうして行政不服審査に訴えだしたのは、川本輝夫の助言と行動があったからだ。緒方さんは言う。

「私は川本さんと二人で県庁に乗り込んで、はじめて闘いを開始したんです。何度も申請しては、はね返されながら、こんどはどうするかと作戦を練っているさなかに、川本さんは肝臓ガンで亡くなってしまわれたんです」

それは一九九九年二月十八日であった。川本輝夫、享年六十七。

のちに私は川本さんの妻ミヤ子さんの講話を聞いて、川本さんの晩年がいかに自分と運動を裏切った人物――ミヤ子さんは「親友」と述べている――にたいする恨みに取り巻かれたものであったかを知り、この病気と事件さえなかったらと暗然となったが、裏切った相手がだれだったのかを別の資料で知り、病《やまい》と事件が綾なす多様な人生というものが、「闘士」と呼ばれた人の晩年を痛苦の色に染めていたのかと思い知らされた。


さぞや川本輝夫は天皇陛下に会って胸の内を打ち明けたかっただろうと、ふたつ並んだ空虚な椅子を見て、彼にはこみあげてくるものがあったらしい。

「緒方さん、坐りたいですか」

と、職員が言った。

「え？」

「内緒ですよ」

「いいんですか……」

「だめとも言えんでしょう」

ああ、こうやって天皇はお坐りになるんだなあ、と椅子に腰を下ろして彼は思い、ふと、陛下にお会いしてみたいものだな、と思ったという。

「それまで天皇という存在を意識したことはなかったんです。そのときから私は、天皇の本とか情報を自然と求めるようになりまして……」

その年の春、米国から留学生がやって来た。彼女は水俣病資料館に語り部の講話を聞きに来るようになって、論文に緒方さんのことを書きたいと言ってきた。建具屋をひらいている家にも何日か通いつめ、話をするうちに、自然とこけしの話題になり、

「このこけしを、いつか天皇陛下にお渡ししたいんですよね」

と、彼は言った。

すると十月、彼女は、天皇に報告するために来月宮中に参内しなければならない、と言った。どうして？　とびっくりして訊くと、自分は「皇室の補助金制度」で留学させてもらっているので、報告をしなければならないのだ、とつぎのような提案をした。

「緒方さんのこけしを、私から陛下にお渡ししたい」

彼は断わった。

「気持ちはありがたいけれども、思いを伝えるわけだから、代理ではだめなんです」

留学生は一度はあきらめたようすだったが、東京へ行く日が近づいてくると、

「やっぱり緒方さん、こけしを私にもって行かせてください。陛下にこけしの存在を知っていただきたいので……。緒方さん、本番は来年じゃないですか。海づくり大会が水俣であるでしょう。そのとき天皇陛下がいらっしゃいます。こけしで緒方さんの

存在を印象づけておいたら、宮内庁も自然、緒方さんに——」

天皇と引き合わせてくれるのではないか、と言うのだった。

海づくり大会のことは、考えていなかった。まさかそこで天皇と会おうだなんて、考えもしなかった。

熱意に押されて彼は、三体のこけしを新しく彫った。一体はお父さん、一体はお母さん、一体は胎児性患者の子どものイメージ。それをたずさえて彼女が、十一月に東京へ行った。

結果として、こけしのプレゼントは成らなかった。面会のまえに別室に呼ばれて、物を渡してはなりません、もって行けるのはノートと筆記用具だけ、と指導され、しかたなく三体のこけしをもって、水俣に帰って来た。

「でも私は天皇陛下に、水俣で、水俣病患者の緒方さんという人が、こけしをつくりつづけています、ということは、ちゃんと申しあげましたよ」

天皇と一緒に写っている写真を見せてくれながら彼女はそのように言い、

「やっぱり、こけしはお渡しできませんでしたが……」

と、残念そうに三体のこけしを緒方さんに返した。

「いや、いいんです、試みてもらっただけでも。このこけしは皇居のなかまで行ったわけでしょ？」

「はい」

「それで充分です」

3

留学生とこけし問答をしていた十一月、「全国豊かな海づくり大会」が沖縄の糸満市でおこなわれ、天皇皇后が臨席した。来年は水俣で稚魚の放流がある、そして自分のつくったこけしが皇居まで行った……、ああ、たしかに来年の十月だな、この機会を逃すわけにはいかないな、と彼は思いをつのらせて、資料館の館長に、ぜひ来年の海づくり大会のときに両陛下に面会させてもらえるよう配慮してもらえないか、と申しいれた。

語り部の会の会長は、浜元二徳《つぎのり》であった。水俣病事件の補償問題を、厚生省が設置する第三者機関の調停にまかせるかまかせないかで、患者互助会が分裂した（一九六九年）とき、浜元二徳は一任派と袂《たもと》を分かち、訴訟派を率いた。そうして川本輝夫ひきいる自主交渉派と合流し、チッソとの直接交渉に体をはって挑んだ人である。

父も母も水俣病で亡くした浜元二徳は、みずからも重い症状が出て、いまは高齢になって、入院生活を送っていた。会長代行であった緒方正実は、浜元の人生の最後になんとしても両陛下に面会させ、これまでの労をねぎらってやりたい、と館長に頼み込んだのだ。

年が明けてからも同様の申しいれをつづけ、四月に職員の異動があると、語り部の会の会長も緒方正実にかわった。水俣はふたつの大きなイベントをこの年控えていた。水銀使用の世界的規制をとりきめる水俣条約締結の舞台として、そして海づくり大会の開催地として。彼は水俣条約を採択する会場で、被害者を代表して基調講演をおこなうことになっていた。

会員十二名の合意を得て、正式に熊本県の全国豊かな海づくり大会対策室に宛てて、語り部の会として両陛下に面会したい旨をしるした文書を彼は届けた。すると六月、一報が届いた。もしかしたら両陛下とお会いできるかもしれない、と。

ぼんやりとしたこの言いかたは、キャンセルがいつでもできるように緩《ゆる》めにしておいたのだろうな、などと話しているうちに、数日後、「ほぼ確定した」との知らせが飛び込んできて、それで会員全員に資料館に集まってもらい、このように言った。

「天皇皇后両陛下との面会がほぼ叶《かな》えられる状況になってきましたが、会員の皆様の気持ちを、ここで確認させていただきたい。両陛下と面会することに異議はありませんか」

集まったのは八人。ほかは入院しているか、高齢のため動けない。なぜこのような確認をしたかというと、五十年あまりにわたってつづけられてきた水俣病闘争の歴史には、反天皇制を主張する新左翼系の一団もあって、彼らの支援もうけてきた立場の者としては、両陛下と面会するとなったら非難されてもおかしくない事情を抱えていたのだ。しかし、全員一致して両陛下との面会に賛成した。

七月には確定が伝えられ、八月にはどのようなかたちで面会するか、具体的な打ち合わせがおこなわれた。熊本県から担当者がやって来て、

「面会は十名まで。冒頭で二分間、会長にお礼の挨拶をしていただく。これは宮内庁からの指示です。もしかしたら両陛下からお言葉がかけられるかもしれません。面会時間は十分少々――」

自分などが挨拶をさせてもらってもいいのだろうか、と緒方は思っていたが、ところが八月後半になって、

「天皇陛下じきじきのご要望で、ぜひ語り部の講話を聞かせてほしいとのこと――」

という知らせが届く。

「面会時間は二十分まで延長する」

宮内庁がそう伝えてきた、と資料館の館長がわざわざ家まで訪ねて来て告げた。

さて、どうするか、と緒方は迷いはじめる。

「講話をだれがしますかね、と私は館長に言ったんです。ここまでの流れを考えても、そりゃあ緒方さんでしょう、と館長が言うので、しかたなかばいな、と思いながら、しかし正直言って、私のなかでは、断わりたい気持ちと、断わるのはもったいないなという気持ちが、せめぎ合っとったんです。もしミスとかしたらですね……この歴史的な瞬間を壊してしまうようなことをしてしもたら、一生自分の人生にくっついてまわるっちゅう、そこまで考えたりして……。迷っとったら、緒方さん、よかですねっち館長に言われたけん、はい、って返事したんです」

宮内庁と熊本県から人が来てリハーサルがおこなわれたのは、九月五日であった。いつもそうしているように話者が講話室の壁を背にして立ち、天皇皇后には坐ってもらうということが最初は考えられたが、「いやあ、これではちょっと遠すぎるなあ」という意見が出て、両者差し向かいで坐ってもらおうと話がまとまった。天皇皇后と緒方の距離は、ほんの一メートルあるかないか。

「同時に立ちあがらないでくださいね。頭が当たってしまいますから」

と、職員に言われたほどの近さだ。

冒頭のお礼の挨拶が二分、講話は十分と決められた。

こんなに近い距離で相対《あい》するなんて、と緒方は緊張したが、それよりもいったいどういうことを話すのかと宮内庁が気にしていた。九月はじめ、お礼の言葉と講話の内容を書きあげて資料館をつうじて送ったら、熊本県の担当者から意外な連絡があった。

「天皇皇后両陛下は、このような話をお聞きになろうとは思っておられません。緒方さんが水俣病患者としていちばん苦しかったこと、悔しかったこと、悲しかったこと、そしてご自身のご家族のことをお聞きになりたいそうです」

緒方は驚いて、

「よろしいんですか？　私は止まりませんよ」

と言った。

どんなことを書いて送ったのかというと、半世紀以上にわたって水俣市民が水俣病と向き合い、そして再生に向かって「もやい直し」をし、ようやく現在の環境都市水俣をとりもどすことができた……といった、どうせ自分がいちばん言いたいことなど握りつぶされてしまうだろうと勝手に忖度《そんたく》して、あたりさわりのない内容を書きつらねていたのだ。それを天皇から却下されたのだった。

おそらく天皇のみならず皇后も、例の留学生から緒方正実のことを詳しく聞いていたのだろうし、公《おおやけ》にはされない話だが、思想信条、国内外にかかわりなく、その道の専門家や活動家を宮中に招き、熱心に話に耳を傾けてきたお二人である。むろん新聞、雑誌、本からも問題の核心をつかまえて、相手によっては自分から電話をし、話を聞くこともあるという。上辺をなぞるだけの講話など、被害者本人にしてほしくないと思ったのだ。

七月には石牟礼道子が皇后と会い、水俣に行くとの話を聞いて、ぜひ胎児性患者の人たちに会ってほしいと伝えていた。これは緒方正実も知らなかったことだが、石牟礼さんの願いを叶えるために、天皇皇后の胸の底には胎児性患者との面会の目論見が思い描かれており、侍従にも事前に打ち明けられることなく、日程にもあげられなかった。もしかすると会える可能性がありはしないかと、水俣訪問の直前になって天皇は希望を伝えたのだ。電撃的面会は、セキュリティの問題が考慮され、極秘におこなわれた。緒方正実をはじめとする語り部の会との面会の直前だったのに、当日夕方ごろまでだれも確認できなかった。

天皇皇后を迎える水俣市は、九州新幹線が通り、それに乗って熊本からお二人が来るというので、沿道では準備に大わらわだった。きれいに整備されていったもののなかで、もっとも市民をよろこばせたのは、国道三号線の両側に延々とならび立っていた電柱の撤去と電線の地下埋設だったかもしれない。

面会まであと三、四日と迫ったころ、緒方正実はこけしの件で、どうしても腑に落ちないことがあった。両陛下をお迎えする講話室には、従来どおり写真パネルなどは展示してかまわないというのに、なぜこけしの現物はだめだと県は言うのだろうか。

水俣の家に県から職員が来て、こけしは写真に撮って展示してはどうかと言うので、緒方は半ば頭に血をのぼらせて、実物があるのに、それを両陛下に見ていただけないのは、むしろ失礼な話ではないか、実物がないのなら写真でもしかたないが、現にこうしてあるじゃないか、と言った。

でも職員は、実物はだめだ、と首を振る。

「どうしてですか」

「あなたがそれを両陛下に手渡す可能性がある。陛下に物をお渡しすることは禁じられているんです。宮内庁はそれを心配している」

「わかりました。そういうことであれば、いままでの話はなかったことにします」

と、緒方は腹を立てて言った。

「まあまあ、そうおっしゃらずに……」

職員は慌《あわ》てて、あれこれと宥《なだ》めにかかったが、一時間ほどして冷静をとりもどした緒方は、このように言って詫びた。

「私も人間だから、さっきは感情的になったけども、語り部の会の会長として不適切な発言でした。撤回しますので、どうかなかったことにしてください。……ただ、それくらい自分の思いを陛下にお伝えしたいのと、陛下ご自身が私の思いを自分のなかに取り入れたいとおっしゃっておられることを考えれば、実物を見ていただくということが、なぜいけないんでしょうかね」

翌日、県の水俣病保健課長と係長が東京に向かい、宮内庁と話をした結果、こけしの現物を展示してもらいたいとの回答を得た、と電話で緒方に報告があった。

当日の朝、緒方は原稿を声に出して読み、指定されたように、挨拶二分、講話十分でちょうどおさまることを最終的に確認したあと、午前十一時に石牟礼道子の携帯に電話をした。しばらく呼び出し音が鳴ったあとで、電話に出てきた道子に、万感胸に迫るのを抑えながら、このように言った。

「石牟礼さん、とうとうきょうという日が来ましたよ。いまから天皇皇后両陛下に会いに行ってきます。面会は午後の三時四十分からなんですが、正午過ぎには私たちは資料館で待機しなければならんけん、もう少ししたら出発します。市民の思いや石牟礼さんの思いを全部背負って行ってきます」

「私も七月に美智子さんに会いました」

と、石牟礼さんが言う。

「美智子さんと道子さん……、同じ名前ですね」

「はい。二人のミチコが会いました」

「これから出発しますけど、しばらく電話できんけん……」

「正実さん、天皇陛下にお会いになったら、伝えてもらえませんか」

「なんばですか？」

「水俣湾にヒラメやカサゴの稚魚を放流して、その稚魚たちは水俣病にならんとでしょうかね、と……」

緒方は絶句した。水俣は両陛下を迎えるのでお祭り騒ぎ、稚魚を放流してもらえば、水俣の魚の価値も上がって、まったく売れなかった暗黒の時代のイメージを払いのけることができる。いまはだれも水俣の海が汚染されているとは思っていない。水銀中毒の連鎖も終わったと思っている。石牟礼さんの心配なんて、それを耳にした者たちは、なにを時代錯誤なことを言っているのだと一笑に付すだろう。でも、と緒方は原点の谷間に突き落とされたような重たい気持ちになって、

「石牟礼さん、いまの話を私は深く受けとめました。言えるか、言えんかはわかりませんけども、石牟礼さんの言葉を胸にかかえて両陛下にお会いします」

と告げた。

4

講話室が普段のようすと違っていたのは、いつもの位置に話者のためのデスクがなく、パワーポイントのスクリーンも下がっていないことだ。

午後三時四十分より少しまえに、緒方正実は入口のすぐ内側に立ち、そのあとに十人の語り部たちが一列にならんだ。両陛下は、天皇を先に、皇后をあとにはいって来ると、部屋のほとんど中央にそろえて置いてある椅子に静かに着席した。緒方はお二人とわずかな距離で向かい合う一脚の椅子の脇に立ち、訪問御礼の挨拶をぴったり二

分間で済ませ、それから断わりを言って椅子に腰を下ろした。

実際に相対してみると、あまりにも近すぎて、手を伸ばせば楽に届く距離だ。

原稿は胸の内ポケットにしまってある。それを一度も取り出すことなく彼は講話を終えた。両陛下は膝の上に両手をそろえて置き、やや猫背気味に天皇は首をつき出すようにして、身じろぎもせずじっと話者の顔を凝視していた。皇后も同様であったが、心なしか目に潤みのひろがることがあった。

川本輝夫は生きてこの日を迎えることができなかったが、でもこの席には妻のミヤ子さんがいて、息子の愛一郎さんがいた。水俣漁師の象徴のように語られ、多くのメディアに出演した杉本栄子さんもこの世を去っていたが、彼女の夫・雄《たけし》さんと息子の肇《はじめ》さんがいた。胎児性患者でいまではどうにかひとりだけ自力で立つことのできる永本賢二さんもいれば、ついさっき資料館とは目と鼻の先の環境センターで両陛下とこっそり会っていた胎児性患者金子雄二さんの母スミ子さん——彼女は息子にそんな僥倖が訪れていようとは露ほども知らなかった——もいた。南アユ子、上野エイ子、吉永理巳子《りみこ》、前田恵美子の女性たちもいて、この十人が写真パネルを掲げた壁際の椅子にならんで坐っていた。

緒方正実から見せてもらったそのときの講話原稿の写しを、以下に全文引く。

これから、水俣病資料館語り部を代表して両陛下に「私が水俣病から学んだこと——正直に生きる」の講話を聞いていただきたいと思います。

＊

私は水俣病公式発見の翌年、一九五七年同じ熊本県内の葦北郡芦北町女島という小さな漁村に生を受けました。ここ水俣市からおよそ北方向へ直線距離で十五キロほど離れたところにあります。目の前は青々とした不知火海の海、そして後ろには緑がたくさんの国有林に恵まれた中で私はこの世に生を受けました。

先祖代々漁業一家だった網元の祖父、福松を先頭に、家族や地域の人たちと、すぐ目の前の不知火海にカタクチいわしの魚を求めて毎日漁に出ていました。

祖父、福松を支えるおおよそ三十人の人たちのことを網子と呼んでいました。働き者だった祖父、福松は毎日三時間寝ればいいと言っていたくらい網子さんや家族の生活を守るため村一番の働き者だったそうです。

しかし緒方家に思いもよらない悲劇がおそいかかってきました。私が生まれて一年八ヵ月たった一九五九年九月、当時私を抱いて寝てくれていた祖父、福松が突然原因不明の病気を発病したそうです。手足の痙攣、よだれの垂れ流しなど様々な症状が現れて、発症から三ヵ月後の十一月二十七日、祖父福松はもがき、苦しんであの世へ旅立ちました。

その後の解剖の結果、頭の脳から78ｐｐｍの水銀が検出されました。その後、急性劇症型水俣病と判明し、町で最初のメチル水銀の犠牲に遭い命を奪われました。

祖父と生まれ変わるようにして二歳違いの私の妹、ひとみが生まれましたが、ひとみは体に重度の障害を背負い、胎児性水俣病としてこの世に生を受けました。

当時、二歳になったばかりの私の髪からは、226ｐｐｍの水銀が検出されました。このように私たち緒方家はチッソ水俣工場が排水と共に水俣湾に垂れ流した水銀によって大きく未来を左右されてしまいました。

現在、緒方家親族全体では二十名ほどが水俣病患者認定を受けています。本家を継いだ父は、一九七一年、症状を訴えながら認定申請準備中に三十八歳で亡くなりました。私は、父の水俣病の解決を願い、この事実を国に何度も何度も伝え続けていますが、いまだに父の水俣病被害は解決していません。このことが私の中で苦しみとなって現在も続いています。

水俣病は、現在では、伝染しない、遺伝もしないと言われていますが、発生当時は症状を発病した人やその家族に対して差別や偏見がありました。奇病だ、患者が出た家には行くな、嫁はもらうな、など噂されたそうです。さらには父、義人が不知火海で捕った魚を水揚げしても町の市場が父の魚だけ買ってくれなかったそうです。水俣病という病気の苦しみに加えて、事実と違った噂による風評被害によって、私の家族や多くの被害者が苦しめられた歴史が事実として残されています。

日本という私たちの国は、戦後復興を目指す中、公害水俣病という重大な過ちを起してしまいました。水俣病は日本の政策のもとで起きた失敗だと思います。そして水俣病問題は現在いろんな問題を残しています。けして終わっていないことを両陛下に知っていただきたいと思います。

水銀の被害に遭った私は、子供の頃そういう状況を目で見て、人として幸せになりたいという願いの中で、私は、自分の水俣病被害を周りの人たちに知られないために必死で水俣病から逃げ続けました。被害に遭っているにもかかわらず、私は水俣病とは一切関係ないと多くの人たちをごまかし続けました。考えてみると、祖父福松は自分の命を犠牲にしながら、妹ひとみは母親のおなかの中で水俣病を引き受け、正面から向かい合っているにもかかわらず、逃げ続ける自分自身に絶望した時がありました。そういう私の水俣病との格闘が三十八歳まで続きました。やがて、私は自分が求めていた本当の幸せとは、隠し続けることでもなく水俣病から逃げ続けることでもないことに気づきました。そういう思いの中、一九九五年、当時の最終水俣病救済策の政治解決に、正直、誰にも気づかれないよう人目を気にしながら申請をし、私の水俣病に一応の区切りを付けようとしました。

しかし、結果は救済の対象になりませんでした。メチル水銀中毒による手や足のしびれなど、さまざまな症状を抱えながら生きている私をなぜ救ってくれなかったのか。行政への絶望感の中、その原因をまず探し始めました。

やがて原因の一つは、私が本当の幸せを求める中、水俣病に対する間違った向き合い方の三十八年間だったことに気づきました。

原因を知った私は、自身の水俣病解決に向けて、一九九七年、日本の法律、公害健康被害補償法に基づく認定申請をしました。

私は十年間、何度も棄却されながらも、ひたすら国、熊本県行政に助けを求める意味で被害に遭った事実を訴えながら、認定申請を四回繰り返しました。そして二〇〇七年、2266番目の水俣病患者認定を受けました。当時、認定を受けた私に、市民や多くの人は、奇跡に近い認定を勝ち取りましたねと、口々に言われました。しかし私の中では、もう一つのことを考えていました。

私が水銀の被害に遭った事実を自身の都合で三十八年間ごまかした人生を、行政や世の中の人たちが許してくれるのに十年の年月がかかったと思っています。そういう意味では、行政と私の努力によって私の救済問題が解決したと思っています。正直に生きることがどれだけ人間にとって大切なことか、身に染みて思い知らされました。

現在、私は水俣病資料館語り部の一人として、世界の皆様に水俣病を伝えるもう一つの形を続けています。以前は海だった水俣湾が、現在は埋め立てられています。その大地の上に、水俣病によって長い年月の中で市民が対立した歴史があります。その半世紀以上にわたる苦難を乗り越える目的で「もやい直し」が始まりました。市民がボランティアで木の実をまき、大きくたくましく育てた森です。その森が「実生の森」と名付けられています。この森は、犠牲に遭った人間、魚たちの思いや、市民が苦難を乗り越えようと努力する思いを吸収しながら大きく育ちました。現在では市民の絆の形がこのような実生の森の形になりました。私はその木の枝で、祈りのこけしを作り続けています。患者として、一人の人間としての思いをこめて、世界の人たちへ約三千体を届けています。

二度と水俣病と同じような苦しみが世界で起きないことを必死で考えていく中で、実生の森のこけしが生まれました。私自身が水俣病から学んだこととして、メッセージにしています。両陛下に聞いていただきたいと思います。

〈苦しい出来事や悲しい出来事の中には、幸せにつながっている出来事がたくさん含まれている。

このことに気づくか、気づかないかで、その人生は大きく変わっていく。

気づくには、ひとつだけ条件がある。

それは出来事と正面から向かい合うことである〉

しかし、私は人を恨むためにこの世に生まれてきたのではないと必死に考えていく中で、私の努力によって原因企業のチッソを許せる、そんな思いの中にいます。私たち語り部はこれからも世界中の人たちに、人として正直に生きる大切さと、自分にとって本当の幸せとはどういうことなのかを一緒に考えていただくために、私の水俣病の体験を語り続けたいと思っています。

両陛下、今日は私の講話を聴いていただいて心からお礼申し上げます。

＊

水俣病が国の責任であることをはっきりと伝え、いまだ水俣病問題は終わっていないということを知ってほしい、と直接伝えたのは大きな出来事であった。

緒方正実は面会直前まで、話すか話すまいか悩んでいたという。

「十月のはじめでした。水俣病は国の政策のもとでおきた失敗、というくだりについて、熊本県を通じて宮内庁に問い合わせたんです。言いたい放題じゃいけないだろうから、という気持ちがはたらきましてね。水俣市民代表、患者代表、もしかしたら国民代表として講話をするのかもしれない、とまで考えはじめたものですから。

そうしたら『検討します』という返事が来たんですが、十日経っても回答がない。二十日経ってもない。熊本県に尋ねたら、『うーん、返事が来ないんですよね』と言う。ご訪問の前々日になっても来ない。前日になっても来ない。当日になっても、なにもないんです。私はもう自分の考えたとおりでいいと思って、両陛下の目を見て、自分の気持ちをそれに重ねてみて、口から自然に出てくるか、出てこないかでやってみようと肚《はら》をくくって講話にのぞんだんですよ。そうしたら両陛下とも、なんでも聞かせてほしいと言わんばかりの顔をなさっておられた。それで私は、言わずに隠すのは失礼だと思いまして——」

しかし、おそらくお二人の心をもっとも揺り動かしたのは、患者認定をめぐって、「私が水銀の被害に遭った事実を自身の都合で三十八年間ごまかした人生を、行政や世の中の人たちが許してくれるのに十年の年月がかかったと思っています」

と、述べたくだりではなかっただろうか。

緒方正実は、自身のことを語った新聞や雑誌の記事のなかで、水俣病から逃げつづけているあいだ、自分は祖父や妹を差別していたのだ、と打ち明けている。三十人かいた網子たちは寄りつかなくなり、学校では「おまえの祖父《じい》ちゃんは狂い死にした」と言われ、魚は買ってもらえず、父をも失い、水俣から十五キロ離れた交通の便のわるい芦北地方では、水俣の「奇病」騒ぎを耳にした人びとが、彼ら一家を村八分にするようなありさまだった。そうしたなかで、彼はひとり、水俣病でないことが幸福への最低条件なのだと受けとめて「事実」から逃げつづけた。

しかし十年にわたる行政との闘争をとおして、水俣病から逃げてきたことは祖父や妹を差別することだったと思い知っていくプロセスは、神話世界に描かれる寓意を見るような思いに誘われる。

5

ところで、だれもが予想だにしなかった思いがけない行動を天皇がとったのは、この直後であった。

「みんな、びっくりしたんですよ」

と、緒方さんは言う。
ふつうならそのまま立ちあがり、「ありがとう」のひとことくらいは言って、つぎの行事――このあと語り部の前田恵美子の詩に曲をつけた歌を鑑賞することになっていた――に速《すみ》やかに移るのだろうが、彼が一礼して顔をあげてみると、お二人はまだ坐っており、そして彼に向かって一礼した天皇は、坐ったまま顔をじっと見て、例の言葉を述べはじめたのだ。

ほんとうにお気持ち、察するに余りあると思っています。やはり真実に生きるということができる社会を、みんなでつくっていきたいものだと、あらためて思いました。ほんとうにさまざまな思いをこめて、この年まで過ごしていらしたということに深く思いを致しています。今後の日本が、自分が正しくあることができる社会になっていく、そうなればと思っています。みながその方向に向かって進んで行けることを願っています。

約一分間にわたって述べられたこの言葉について、どの新聞も「異例」と書いているが、しかし天皇の言葉が終わったあとにもうひとつ生起した小さな出来事については、さすがに見落としてしまったのか、どこも書いていない。それは正面に坐っている緒方にしか気づくことのできない、ごく些細な出来事であったから。

「もったいないお言葉、ありがとうございます、と私がお礼を申しあげたときです。陛下が皇后陛下のほうに顔を近づけて、小さい声で、『あなたもお言葉をどうですか？』と訊かれたんです。そうしたら皇后陛下は、『もったいない』と、やはり小さな声でこたえておられました。私には、陛下のお言葉になにを付け足すようなことがございましょうか、私にはもったいなくてとてもできません、というふうに聞こえました。『あ、そう』と陛下はおっしゃって、そして立ちあがられたんです」

異例の出来事は、まだつづいた。

それは弾き語りの歌唱が終わったあとのことだ。緒方はほかの語り部たちと同時に立ちあがり、一列にならんで、天皇皇后が声掛けをなさるというので待っていた。そこでおきたことは、平成の天皇史のなかでも特筆される出来事だったのではないだろうか。

はじめはお二人そろって十一人のまえに立っていたが、目配せを天皇が皇后にしたと思ったら、そこからお二人は左右に分かれ、列の左の端のほうへ天皇が、右の端のほうへ皇后が歩みだしてゆき、ひとりひとりに声掛けをしながら中心部までもどって来ると、こんどは天皇は列の右側へ、皇后は左側へと声掛けをしながら進み、最後はもう一度中心にそろってもどって来たのである。

「そろそろお時間ですので……」

侍従長は館長の袖を引っ張り、なかなか講話室を去ろうとしないお二人に、あまり話しかけないように語り部たちに言ってくれとでもいうように、焦りだしていた。二度三度と館長に催促をしていたが、

「そろそろお時間となりましたので」

と、そのたびに館長が静かに声をあげるのに、まるで聞こえていないように、切りあげようとしなかった。

そもそも声掛けがはじまるまえに、こういうことがあった。講話を終えたばかりの緒方正実が、列のなかにはいろうとして正面をふり向くと、皇后がすっと自分の目のまえに立っていた。

「ほんとうにつらい人生を歩んで来られたんですね。ほんとうにいいお話を聞かせていただき、ありがたく思っています。これまでのご苦労を考えると、ほんとうに心が痛みます。これからも多くの人たちのために、無理をしないで語り部をつづけてほし

いと思っています」

　思いがけぬ言葉をかけられて、あたたかい感情が胸にこみあげてきたという。

　それから列のまんなかにポジションをとると、左側から近づいてきた天皇から、また言葉をかけられることになった。

「緒方さん」

　と、そこでは名前を呼ばれ、

「きょうはほんとうに身に沁《し》みるお話を聞かせていただいて、感謝しています。水俣に来たことが私の……（残念ながら、緒方正実はここからおぼえていない）、ですから皆様も、世の中の人たちの幸せのためだけでなく、ご自分の幸せにもぜひ、つなげていってくださいね」

　彼の左隣りには、金子スミ子が立っていた。ちょうどお二人が合流したところで、

「語り部の金子です」と一礼すると、

「ああ、『ほっとはうす』の金子さんのお母さんですね」

　と、天皇が言い、皇后も、

「さきほど、息子さんにお会いいたしました」

　と、華やいだ声をあげた。

金子スミ子は、まさか自分の息子が両陛下に会ったとは知らず、あっけにとられた顔になる。

そのやりとりを聞いて緒方は、右隣りの川本愛一郎に向き直り、

「(両陛下は) 金子さんのこつば知っとらすばい。『ほっとはうす』を知っとらすとよ」

と、耳元にささやきかけた。

愛一郎のところにも、両陛下が左右から近づいて来て、先に彼のまえに立ったのは皇后であった。母親のミヤ子とそろってお辞儀をすると、名札を見て皇后は顔をあげた。

「ああ、川本さんですね」

と、まるで自分たちのことを以前から知っているかのように、親しみのこもった声で話しかけてきた。

「お母様ですか」

と、愛一郎に顔を向けて、「はい」とこたえると、

「お体のお具合はいかがですか」

と、ミヤ子に尋ねる。

「まああです……」

このこたえかたに、愛一郎は、もっとちゃんとした言いかたがあるじゃないか、とヒヤヒヤしていると、天皇が皇后の隣りに立って、

「お具合はいかがですか」

と、同じ質問をする。

「おかげさまで……」

ああ、やっと母親は奥ゆかしい言いかたをしてくれたと、愛一郎はほっとする。

予想もしていなかった言葉が皇后からかけられたのは、そのときである。

「お父様が亡くなられて何年になりますか？」

父親のことを知っておられるのだ、と愛一郎はびっくりした。

「十四年になります」

「おつらかったでしょうね」

と、そのように言いたげなようすで皇后は深くうなずき、自分も語り部として父親の苦闘の生涯を伝えていきたいと思っています、と愛一郎が言うと、天皇が深くうなずき、皇后は、うんうんうん、と悲しみを受けとめるかのように小刻みに顔を上下させ、それから少しのあいだ微笑をひろげた。

6

「ああ、救われた……と、そのとき思ったんですね。たしかに救われたと、正直そう思いました」

と、愛一郎さんは言う。

私は緒方正実に会うまえに、愛一郎さんと資料館で会い、話を聞いていた。二人は同年である。父親をめぐる皇后とのやりとりのなかで、そのように感じていたという。

「それと同時に、父親がやってきたことがやっと認められたと思いました。いろんな嫌がらせをうけながら――放火未遂とかですね――、それでも負けずに潜在患者の掘り起こしに毎日毎晩自転車で駆けずりまわってきた親父の苦しみ多い人生が、やっと認めてもらえたと、私は思わず涙が出そうになりました。家に帰って母親と二人で親父の位牌が置いてある仏壇に報告をしましたよ。両陛下がやっと来てくださったよ、親父のことを知っておられたよ、と」

では、こちらのことは、お二人は知っておられただろうか。新聞にも載ったので、あるいは知っておられたかもしれぬ。まぼろしに終わった天皇への請願書には、ふたつのことが書かれていた。あらためて見ておきたい。

一、政府に対し人道上、人権上の問題として御提言をしていただくこと。

二、天皇の御名代として、水俣病発生地域の実情視察に皇太子あるいは、秋篠宮か常陸宮にお出でいただくこと。

天皇自身に来てほしいと書いているわけではない。日付は「平成二（一九九〇）年九月二六日」となっている。

『水俣病誌』という川本輝夫の生涯を記録した分厚い本の終わりのほうに、水俣病問題の記録映画を撮った土本典昭《つちもとのりあき》監督が解説を寄せている。そのなかで「請願書」をめぐるつぎのようなやりとりを川本輝夫と電話でしたことが明かされている。

その川本さんから杉並の家に電話があったのは一九九〇年の暮れだった。意見を聞かせて欲しいという。「今度の平成天皇にですな、水俣に来て欲しいという請願書を出そうと思ってですなあ。……『天皇に請願が出来る』と六法全書にあるとですよ。六法を繰っていたらあっとですよ。提出先は内閣じゃばってんが。……憲法第一六条、請願法第三条にですな。チャンとあるとですよ。これを使わん手はないでしょう」。また六法全書かと、その精読ぶりには驚いた。「今度の天皇も……昭和を引き継ぐなら、昭和にし残した水俣病問題に触れざるを得んでしょう。水俣に行幸して、『政府に対し、人道上、人権上の問題としてひとこと提言する』っち言って貰えば良かですが。水俣の閉塞状況に穴があきゃせんどか」

大いなる発見をよろこぶ心情が見てとれるが、地元ではこれをめぐって議論を重ねてきたらしく、天皇制反対の立場から反対する者、左翼の支援者からは右翼のテロを心配する者もいて、行動は慎むべきとの意見が大勢を占めていたようだ。

「昭和が終らんでしょう、このままでは。わしゃですな、今年、平成二年ですたい、百間（排水口）に水俣病の慰霊の卒塔婆を立てたばってん、それに〝昭和六五年〟と書いといたですよ。昭和は六四年で終ったか知らんが、〝昭和の水俣病〟は終っとらんぞ、という意味で……」

いかにも昭和の人らしくこのようにたたみかける川本輝夫が、土本典昭に求めていたのは、あなた一人でもいい、賛同してくれないか、ということだったのであろう。それほど孤立無援の状態にあったのではないか。

しかし土本は、「これは衆を頼んでやることではないかも知れない。あくまで個人戦、単騎戦でやったら。あなたひとりで」と言い、「そのつもりだが……」と川本もこたえたそうだが、「ガックリしたふうだった」としるしている。


「これがその現物です」

愛一郎さんが私に見せてくれたのは、カバーがとりはずされて手垢のついた有斐閣の『小六法』昭和五十年版であった。いくつも付箋がつけられており、そのひとつのページをめくってみると、請願法のページがあらわれた。第三条「請願書の提出」①に、「天皇に対する請願書は、内閣にこれを提出しなければならない」とある。

「父は三回逮捕されました。暴力患者と言われてですね」

と、愛一郎さんは話を継ぐ。

「父の支援者のなかには新左翼系の人たちもおったんですが、この請願書を見てもらえばわかるとおり、父は直訴するというんじゃなしに、あくまでも合法的に内閣に提出しようとしていたんですね」

一縷《いちる》の望みを請願書に託そうとしながら、不発に終わったのだ。

しかしここで、ひとつの疑問が生じる。

一九九九（平成十一）年九月、秋篠宮夫妻が水俣病資料館を訪れ、語り部六人と会い、慰霊碑はまだ建立されていなかったので、水俣メモリアルというモニュメントに献花している。この年の二月、川本輝夫はこの世を去っている。熊本国体がひらかれ、天皇皇后も臨席したのだが、皇太子夫妻のことを慮ってか、お二人は水俣までは足を延ばさなかった。そのかわりかどうかはわからないけれども、カヌー競技がおこなわれる水俣に秋篠宮夫妻を向かわせて、水俣病患者への慰霊と慰問をさせているのである。

つまり、川本輝夫の死から半年あまりのち、請願内容のひとつは成就されてはいるのである。しかし秋篠宮夫妻の訪問が、川本輝夫の霊への餞《はなむけ》となり得たかどうかは疑わしい。

それにしても講話室でひとりひとりに声掛けをする天皇皇后の態度には、尋常ならざるものが感じられる。お二人は二手に分かれて声掛けをしていったのであるが、列の中心にもどって来ると二人ならんで緒方正実や愛一郎に声をかける。もうこれで終了だろうと思っていたら、そのまま交差してまだ声掛けをしていない人たちのそばへ行き、ひとりひとりと目を合わせる。

こんなことがあるのだろうか、と愛一郎さんも感じていたという。

「二回も三回も、司会進行役をつとめている資料館の館長に侍従長が、そろそろ、と指示を出すんです。そのたびに館長が、時間となりましたので、と講話室全体に聞こえるような声で言うんですが、両陛下はおやめになろうとしないんです。私のまえに来られて言葉をかけていただいたとき、館長がうしろのほうからちゃんと聞こえるようにそう告げたんですが、両陛下はすうっと、まだ声掛けされてない人たちのほうへそれぞれ進んで行かれるんですね。私はつよいご意志を感じました」

石牟礼道子の『苦海浄土』第二部「神々の村」には、チッソ社長であった江頭豊が議長をつとめる大阪での株主総会に、一株株主となった患者と支援者たち約一〇〇〇名が乗り込み、野次と怒号のなか、直接社長に怨念をぶつける姿が描かれる。川本輝夫をふくむ患者たちは、石牟礼さんら大勢の支援者に守られて壇上にあがり込み、社長をとりかこんで絶叫する。

親を失い、子を失い、嫁にも行けず、みずからも凄絶な末路をたどるのかもしれない悲しみの胸の内を、はじめて加害企業の社長に直接ぶつける患者たちにたいして、「ふくよかな容貌をした紳士である」江頭社長は、「責任を回避するが如き気持ちは毛頭ありません。しかし、原因がまだ当社に帰因することがわからない時……」と述べて、やんわりと逃げを打つ。

日本興業銀行からチッソへ転じてきたのは、「ようやく世論の非難をあび始めた『公害企業』を守るために、経済界が後盾となって選んだ配剤であったろう」が、いままさに企業は国家なりを体現するその人物の胸先に父と母の位牌を二柱つきつけて、「両親でございますぞ。両親！　親がほしい子どもの気持ちがわかるか、わかりますか！」と、いつもは物静かな浜元フミヨがいくら叫《おら》び泣いても、声は逸《そ》れていってしまう。

〈未認定患者の川本輝夫さんが泣きじゃくりながら、隣の若者にいった。

「何とかして（社長に）わからせる方法はなかもんじゃろうか、わからんとじゃろうか」

まるで頑是《がんぜ》ない子の、途方にくれたような表情と低い泣き声だった〉

と、石牟礼さんは書く。

声に言葉をのせて訴えられる者たちは、その声が自分一人のものでないことがわかっている。無告の民としてこの世からあの世へ引きちぎられていった親やきょうだいたちの魂を、それぞれが呼びもどし引きつれているのだった。

自分の父親が精神病院の檻のごとき保護室で狂い死にしたことをだれにも打ち明けられずに胸に秘めていた川本輝夫は、どうして人間の必死の叫び声が聞こえないのかと不思議でならないのだ。このとき（一九七〇年十一月二十八日）七歳になろうとしていた江頭社長の孫娘が、それから二十三年後に天皇家に嫁ごうとは、あたりまえだが本人も、川本輝夫も、皇后美智子も、だれが想像しただろうか。

おやじは六十九で死んだ、六十九で。俺は、おやじが死んだときにゃ声あげて泣いたよ。ひとりで、精神病院の保護室で死んだぞ、保護室で、うちんおやじは、牢屋んごたる部屋で。誰もおらん時、しみじみ泣いたよ、おれあ、保護室のあの格子戸の中でおやじと二人で泣いたぞ。そげな苦しみがわかるか、精神病院に行った事があるか、わかるか、お前はあるかお前は。だれも看とるもんもなくて、精神病院の保護室で死んだぞ、うちのおやじは。言うてもわからんじゃろ、こげな事、まだ誰にも言うたこたなかったよ俺は、今まで。

「告発」一九七一年十二月二十五日号

株主総会の翌年おこなわれたチッソ東京本社での十四時間にわたる新社長嶋田賢一——江頭豊は会長に引いた——との直接交渉の最終場面、これがはじめて皆のまえで明らかにされた父親の死をめぐる口上であった。

救急車が呼ばれていた。高血圧症状が出たために、嶋田社長は長々と横たわっていた。死者も生者も、中毒症状の軽重も関係なく、新認定をうけた自分たち十八家族に一律三〇〇〇万円を支払えとの要求が宙に浮いたまま、連れ去られようとする新社長にとりすがるように泣きじゃくり、腹の底からしぼり出されてくる声だ。

天皇、昭和八年生まれ、皇后、昭和九年生まれ。昭和六年生まれの川本に向き合う感受性は、共有されていたはずである。

7

東京へ行ったきり、父親は一年九ヵ月も帰って来なかった、と愛一郎さんは言う。その間、父親は、チッソ東京本社まえで坐り込みをつづけ、逮捕、裁判闘争と寝る間もないほど動きまわっていたのだ。

「たしか、もって来とったと思うばってん……、あ、これですね」

と、愛一郎さんは、鞄から古い電報の現物をとりだして見せてくれた。

「父親がですね、ずっと留守をしとったときに、私に打ってくれた電報なんですよ。私は中学三年生で、三月二十日が出水《いずみ》高校の合格発表、そして三月二十五日が私の誕生日なんです。それで父親が東京から送ってくれたんですね」

ゴウカクト一五サイノタンジヨウオメデトウイマカラクルシイミチダガンバレ

チツソホンシヤナイヨリチチ

（合格と一五歳の誕生おめでとう。いまから苦しい道だ。頑張れ。チッソ本社内より父）

日付は三月二十五日となっており、ちょうど誕生日のその日である。たくさんの文字数と「いまから苦しい道だ」に、息子を思いやる気持ちがあらわれている。

「うれしいですね。気にしとったんですね。私は合格発表の結果を見に自転車で出水市まで行って、自分の名前が出ているのを確かめて、ほっと安心して、父親が心配しているのも知らずに、越冬に来とる鶴を友達と見に行ったりしていたんですよね。家に帰ってみたら、愛一郎はどげんしたか、高校はどげんなったか、って電話してきていたと――。ちょうどその日は、例の第一次訴訟の判決が熊本地裁であったんですよ（患者側全面勝訴。チッソの賠償責任が明示される。慰謝料一六〇〇万～一八〇〇万円。チッソは控訴せず、判決確定）。新聞記者のインタビューをたくさんうけて、忙しいさなかに、いっぽうでは私のことを心配してくれていたんです」

もう二十年まえになりますけれど、お父様の話をうかがいに水俣まで来たことがあるんです、と私は言った。請願書を出そうとされていたと聞いて驚いたんです。不知火海を見下ろす檣柑山で、お父様は農夫姿でおられました――と。

「ああ、そうだったんですか」

と愛一郎さんは言って、興味深い話をした。

「父親は昭和六年生まれですから、やっぱり軍国少年だったらしいんですよ。私の祖母、つまり輝夫の母親がですね、文盲だったようなんですが、『自分はお国のために兵隊になる』と言う息子に、『もうこの戦争は負ける。自分の命を大事にしろ』と言ったそうなんですね。で、実際に戦争に負けたとき、私の父親は、『あんたがそげん言うけん、戦争に負くっとじゃ』と母親に言ったんだと。民衆の直感で敗戦を予知していたんじゃないかと、父親は回顧録で書いているんですがね。

私の祖父が亡くなったのが昭和四十年。そのあとの四十一年、四十二年、四十三年あたりまでが、川本家のいちばん平和な時期だったんですよ。死んだ祖父の認定問題をとりあげて、父が活動にはいって行くまでの短い期間なんですね。父親も定職――準看護の仕事に就いて（輝夫は父親を亡くした精神病院で働いていた）、給料をもらうようになって、祝日になると日の丸を揚げるのが、子どもの私の役目だったんです。『愛一郎、今日は憲法記念日ぞ。日の丸ば揚げんか』と言われましてね。箪笥に二つ折りにした日の丸が大切にしまってありました。それを引き出して揚げるんです。ところが……」

――はい。

「水俣病の活動をはじめてから、揚がらなくなったですね」

――そうでしたか……。

「でも、反天皇というんじゃないです、あれは。お酒を飲んでは、よく言っていましたから。『水俣にも、水戸黄門とか月光仮面とかおらんかねえ。バーッと走ってきて、バッと裁断をしてもらえんもんかな』と。そういう意味では、日本でいちばんの権威、存在として、天皇を求める気持ちはつよくもっておったんです。石牟礼さんもよく言ってるんですが、私たち患者や家族のなかで、やっぱり御上《おかみ》ちゅうのは、ものすごい存在なんですよ。御上が来てくれるだけで問題は解決すると、ずっと思っていたんです」

——お会いになって、いかがでしたか。

「父親が亡くなって何年になりますか、という、あの皇后陛下のひとことで、これまでの張りつめていた感情や考えが、いっぺんに氷解していきました。あの言葉は、ものすごい力です。私は日本人に生まれてよかったと思いました。左でも右でもなく、古代から営々とつづいてきた大いなる存在があるということが、非常に幸せだなと思います。私ら患者家族（愛一郎さんは〝新患者切り捨て〟と批判の多い水俣病救済特措法に基づいて認定申請したが、五分とかからぬ簡単な検査で非該当とされた）にとって、両陛下にお会いできたのは偉大な経験でした」

一九六八（昭和四十三）年九月、水俣ではこのような出来事があった。天草出身の厚生大臣園田直《すなお》が、水俣の患者施設に厚生相としてははじめて見舞いに訪れたとき、患者たちはすがりつかんばかりに「お願いします、お願いします」という声をくり返し投げかけた。水俣も園田の選挙区なので、地元生まれの大臣ということで「救い神」のごとく思われていたのだ。その喧騒のなかで突然、劇症型患者の村野タマノが電撃に打たれたように全身を痙攣で波打たせ、鎮静剤をうたれながら、「て、ん、のう、へい、か、ばんざい」と、大臣一行に向かって叫んだのである。そしてそれから、まったく調子っぱずれな「君が代」を歌いだし、声をかける余裕を失った大臣は、十秒ともたず彼女のまえを立ち去っていった。

この場面は『苦海浄土』の白眉のひとつでもある。当時の映像をもっているという愛一郎さんは、「大臣なんて、かたまってしまいますよ」と、痛快に笑いとばす。

やはりできることなら、水俣病患者とその家族への慰問を目的とした訪問であってほしかった。しかしそれは、いまだ水俣を思いやる言葉ひとつ発しておらぬ皇太子夫妻の仕事になるのかもしれぬ。

後日、川本輝夫の妻ミヤ子さんの講話を聞くためにあらためて資料館を訪れたとき、いかに川本輝夫の晩年が苦悩に彩られたものであったかを知り胸塞《ふさ》がれる思いがしたが、世界的公害事件の被害者であるにもかかわらず、棄民として扱われてきた人びとが、地獄の底にすうっと下りてきた蜘蛛《くも》の糸にすがるがごとく、一縷の救済の望みを天皇に求めたのは、旱天《かんてん》の慈雨を求めるように自然の衝動であったろう。

「金欲しさのニセ患者」「生活保護受給のうえに補償金」などと、チッソのウラ資金でつくった罵詈《ばり》雑言《ぞうごん》をならべた新聞折込ビラをばらまかれ、お国の役にひとつも立てぬ体ゆえ、お国からお金までいただいて生きるのはしのびないと生活保護の申請さえも手控えて、困窮と毒苦に出しきれぬ声であえぎつつ、心の底から彼らが求めていたのは金などではなく、真情を抱きしめてくれる人間の「言葉」だったのだ。

しかし、すべては政治と企業が動かしてきたのだ。天皇皇后の訪問は、水俣病救済特措法が施行され、海が清められたことを高らかに宣言する祭りがひらかれるタイミングなのであった。この五十年あまり「言葉」を欲しながら、政治の力に引きちぎられてきた人びとが、やっと目のまえにあらわれたお二人の「言葉」に全身を打ち震わせ、感激の極みに達するのは、砂漠で一滴の水に潤されるような経験であったには違いない。

貴《とうと》いお方と打ち捨てられた最下層民とのあいだには、権力段階と庶民段階の膨大な地層が横たわる。貴いお方がそのようにされてしまった民に慰藉の言葉をかけたとき、これらの地層は断罪されたも同然なのである。それで手間暇かけて、加害者であるにもかかわらず「救済」などという本末転倒な不思議な物言いの法律をつくり、天皇皇后を患者のごく一部と面会させて、自分たちが犯してきた名状しがたい罪状に終止符を打とうとした。つまり両者は巧妙に政治利用された――緒方正実による「語り部の会」としての面会申し入れは、もっけの幸いだったと言うべきなのかもしれぬ――わけなのであるが、しかし、とここで言っておきたい。それくらいのこと、双方とも承知のうえなのだ。それでも、どうしても会いたかったのだ。

あるいは両者は、求め合いながら引き裂かれてきた片想いどうしのような関係であったのかもしれぬ。あの講話室で、天皇皇后のほうこそ、ひとりひとりの手をとり抱きしめたかったのではなかろうか。あるいは、懺悔《ざんげ》したかったのではなかろうか。

第三章

精霊にみちびかれて

1

胎児性患者との面会は、石牟礼さんの願いをかなえるという以上に、お二人の揺るぎない意思のあらわれをしめす出来事であったと思われる。

両陛下に面会した胎児性患者は、金子雄二と加賀田清子の二人。そして彼らを引率した社会福祉法人さかえの杜小規模多機能事業所「ほっとはうす」(以下、「ほっとはうす」)の施設長をつとめる加藤タケ子の三人である。

いったいどういう運びでこのようなことが実現したのだろうか。

肥薩《ひさつ》おれんじ鉄道水俣駅から北東へ八〇〇メートルほど行った、水俣川の少し手前の街なかにある「ほっとはうす」を私は訪れた。

この施設は、水俣病が生み出した幾多の悲劇のなかでも、もっとも悲痛な出来事の象徴として語られてきた胎児性患者たち——母親の胎内でメチル水銀に侵され、この世に死児として生まれてくる嬰児《えいじ》が多かったなかで、全身に重大な異常をかかえながら奇跡的に生きて生まれ、その後も育っていった彼らのことを、杉本栄子は「宝子《たからご》」と呼んだ――の自助努力への希望を支援するために、民間の共同作業所として一九九八（平成十）年十一月に誕生した。二〇〇八年四月には、現在の場所に国や県の補助をうけて新しい建物を完成させた。いまでは水俣病に限らず、ほかの障害者もうけいれて、広がりのある活動をくりひろげている。

三人が両陛下と会ったのは、語り部たちが面会する直前の出来事である。場所は、語り部たちが面会した水俣病資料館とは目と鼻の先の、熊本県環境センターの応接室であった。

車椅子を押して行けるように、なだらかなスロープが配された玄関をくぐると、バリアフリーの広くて明るいホールが、明かりとりの窓から射し込む朝の光に隅々まで照らされていた。

木の壁には小学校の低学年の子どもたちが描いたのではなかろうかと思い違いをしてしまいそうな、けっして上手とは言えないけれど、しかし迫力のある、どこかほっとするような、海と人とを描いた大きな絵が掛けられている。「ほっとはうす」に集う胎児性患者たちが描いたもので、加藤タケ子さんの説明によると、やはり水俣の海と自分たちの姿を描いたものだという。

「埋め立てられた百間港の突端に立ったとき、遠くに天草の島々が見えるんですが、そこにも患者さんがいるんですね。同じ魚を食べていた人たちで、水俣病を訴えている人がいるんです。また、水俣は山のめぐみが川をとおって海に流れ込む。それをこの絵に表現してくれたのが、胎児性患者さんたちなんです。ですから、この絵には、悲劇のなかでも失われなかった希望が見えると思います」

魚も泳いでいる。漁船も操業している。メチル水銀の毒に侵されてきた不知火海は、すっかり再生している。ただし、いまだに水銀汚染の苦しみから逃れきれない自分たちの姿が描かれているが、山のめぐみが海の豊饒と浄化を約束するように、この自然の大循環のなかでそうした苦しみもやがて癒され、消えていってほしい――この絵はそのように語りかけてくるようだ。

寒い朝の約束の時間に、加賀田清子さんと金子雄二さんの二人は、車椅子を押してもらい、ホールの広いテーブルのまえにあらわれた。

加賀田さんは、ちょっと太り気味の体を椅子にめり込ませるように坐っており、両肩のあいだに頭部がすっぽりとめり込んでいるような状態で、これもまた動かせなくなっていると思われる両手を肘掛けにもたせかけている。

金子さんは臙脂《えんじ》色の厚手のパーカーをおしゃれに着て、自立を求めてヤンキーであろうとした若いころを彷彿とさせるように、頭髪をやや金色に近く染めている。どうにかこうにか言葉を呼吸に乗せて外に運び出せる清子さんにくらべると、金子さんはそれさえもむずかしくなっていて、言葉が出てくるまでかなりの時間を要する。せっかく話そうとしてくれるのに、はじめて会う私には聞きとることができない。

二人は一九五五（昭和三十）年生まれの五十八歳。学齢でいうと私より二年上。中学や高校のころから、テレビや新聞のニュースで、少年と少女であった二人の映像を見てきている私にとって、この年齢になるまで二人が生きてこられたという事実もさることながら、ほうぼうの町や小中学校、高校、大学にまで出かけ、水俣病についての誤解や偏見を解くためにビラを配ったり、各種イベントにも積極的に参加してきたことが、この世にあり得ぬような出来事としてあざやかに映っていた。

加藤さんが二人のあいだにはいり、テーブルをはさんで私は三人と対座するかっこうになる。

加賀田さんは、忘れてしまったらしく、なんだか悔しそうに首を横に曲げたりしていたが、金子さんは私に、折れ曲がった釘のような指から自分の名刺を差し出してくれた。左の隅に可愛らしい押し花があしらわれている。

「この押し花は、金子さんや清子さんたちが自分でつくっているんです」

と、加藤さんが言う。

小さな野の花が幾種類かあって、名刺の下には「この紙は牛乳パック等の１００％再生紙です」とある。患者たちは「ほっとはうす」でこのように押し花をつくったり、いりこを加工したりして、出荷しているのだ。


二人が生まれたのは、水俣病が公式認定される前年のことだから、それぞれの母親は——もちろん彼女たちはすでに水俣病に侵されていた——これまでと変わらず水俣湾でとれた魚を日常的に食べており、胎内で受精してしだいにヒトのかたちに成長していく二人の生命に、そうとは知らず恐ろしい毒を運びつづけていた。公式認定後には、胎児への影響は胎盤によってメチル水銀の侵食を止められるので心配ないと言われており、金子さんなどは生後何年たっても歩けず、寝転んでばかりいるので、最初は脳性麻痺と診断されたくらいだという。

金子さんを襲った悲劇は、もちろん彼ひとりの悲劇ではない。生まれる三ヵ月まえ、父親を劇症型水俣病で亡くしている。彼は男ばかり三人兄弟の末っ子であるが、長兄は小児性水俣病——生まれてまもないころから水俣湾の魚を食べて育ったことにより罹患した――で、次兄は母親の胎内にいるときに罹患していた。そして次兄は生まれてくれこそしたが、生後数ヵ月で死亡している。母親は、天皇皇后に面会することになる金子スミ子さん。自分も水俣病になりながら、女手ひとつで重い病気の子ども二人を育てていかなければならなかった。

加賀田さんも母親の胎内でメチル水銀に蝕《むしば》まれながら、奇跡的にこの世に生まれることのできた一人である。ほかの子たちよりも歩けるようになるのが遅くて、三歳でやっと歩くまで、おもちゃの押し車をつかって歩行の稽古をしていた。大家族はみな海を仕事場とする漁師だったので、家ではお祖母《ばあ》さんが幼い加賀田さんの面倒をみていた。

「わたし……、這うて、(ほかの子どもたちを) 追いかけて、行きよったけん」

と、がんばり屋の加賀田さんは言う。

チッソは一九五九 (昭和三十四) 年――金子さんと加賀田さんが四歳のころ――猫に工場排水のなかからとった小魚を餌として食べさせる実験をし、猫が異常な行動に出て死んでいくのを確認しているのに、排水を停止しなかった。そのために、よその家でも胎児性患者が生まれてきたり、生まれてもすぐに死んでいった。

金子さんや加賀田さんたちが胎児性水俣病だとわかるのは、七歳になるころだ。熊本大学医学部から調査にやって来た原田正純医師がまず診たのは、金子家の二人の兄弟で、脳性麻痺と診断された金子さんを診て、母親の胎内にいるときにメチル水銀に侵されていることを発見した。それまで母親の胎盤はどんな毒も通さないというのが定説になっていたが、そうした定説が覆されたのである。原田医師は一九六二年に胎児性患者の存在を発表し、その後、十六人が認定された。

しかし、この十六人というのは、奇跡的にこの世に生まれ出で、奇跡的にこの世に育っていった人たちのことであって、そうでなく死産や嬰児のうちに死んでいった子らの数は、はかり知れないものがある。水辺に生え出た葭《よし》のごとく、じつに根強く生きのびていったものだから、彼ら十六人のことを杉本栄子は「宝子」と呼び、そして彼らは水俣病の悲惨の象徴として語られるようになったのだ。

いま、金子さんは週に五日「ほっとはうす」に泊まり、日曜日の朝には自宅に帰っているが、その日の夜にはまた「ほっとはうす」に泊まる。歩けなくなった金子さんのために、自宅の玄関は車椅子で出入りできるよう改造されている。加賀田さんは週に四日「ほっとはうす」に泊まる。

加藤さんが東京から家族とともに水俣に移り住んだ一九八八（昭和六十三）年当時、金子さんも加賀田さんも立って歩くことができていた。ところが二人が三十代半ばのころ、歩けなくなった。加藤さんによると、ほんとうの意味での患者たちの症状の医学的解明はなされていないのだという。

「ほっとはうす」の初代理事長をつとめたのは杉本栄子で、彼女は現在の場所に新しい施設が建てられるときの起工式で鍬入《くわい》れをし、挨拶をしている。しかし四ヵ月後の完成を見ることなく、二〇〇八年二月にガンで亡くなった。

ニュース映像が伝える起工式のもようのなかで、栄子さんは、「いい施設ができることを願っています」と挨拶しているが、そのときの表情は、いちばん望まれてきた新天地をようやく得た「宝子」たちの行く末を見とどけることなくこの世を去っていかざるを得ない自身の運命を悟っているかのように、じっと涙に耐え、眉間のあたりにきびしいしわを寄せている。

2

加藤さんによると、一年ほどまえから「全国豊かな海づくり大会」のために天皇皇后が水俣を訪問することが知られていたので、明水園（古くからある水俣病患者施設）や「ほっとはうす」にも立ち寄られるのではないかと、周囲の人たちからよく言われたらしい。

「天皇陛下がいらっしゃるんでしょ？」

などと、もう決まったことのように尋ねられることも一度や二度ではなかった。

水俣市では、お二人を迎えるために、メイン通りの国道三号線を中心に電線を地下に埋設する大規模な工事がすすめられてきて、まったく見違えるほど景観もよくなっているし、お二人が通る沿道の花壇の整備などもおこなわれた。しだいにきれいになっていく市内の光景に、市民たちは、やっぱり来られる方が天皇皇后ということになるとこんなに違うものかねえ、などと口々に言いあいながら、「ほっとはうす」への訪問も自然の流れと思うようになっていたのだ。

きっとここにも来られるに違いない、という考えは、これまでのお二人の行動を見ていればあり得ぬ話でもないし、加藤さん自身、いろんな人からそのように言われて、お二人が来られてもおかしくはないなあ、と考えるようになっていた。

石牟礼さんと皇后が東京で会ってから、にわかに新聞などで胎児性患者への面会を石牟礼さんが皇后にお願いしたというニュースが流れるようになり、関係者の期待はふくれあがった。ところが、すでに「語り部の会」との面会は決まったらしいのに、いつになってもこちらへはなんの音沙汰もない。

十月二十七日が水俣訪問の日。なのに十月になって一週間が過ぎても、二週間が過ぎても、なんの連絡もない。

「いや、突然ということもあるんじゃないですか」

などと、職員のなかにはそんなふうに言う者もいたが、大臣が視察に来るときでさえ一ヵ月以上もまえから警備のチェックをしに警察がたびたび来たりする。いまのいままでここにはいっさいだれも来ないのだから、ご訪問はあり得ないと、すっかり加藤さんは自分の頭から僥倖の可能性を消し去っていた。

皇后からときどき連絡をもらうある民間人から、十月二十六日、両陛下が熊本市内に向かう土曜日の朝に電話がかかってきて、

「皇后陛下は、だいぶつよい気持ちをもっておられるようだから、いざというときはお願いしますよ」

と、言われたけれども、それでも加藤さんは、なにも考えないようにした。

ところが、そのあと午前十時にかかってきた県庁からの電話で、事態は一変した。このように伝えてきたからである。

「皇后陛下は、石牟礼さんから熱心にすすめられた胎児性患者さんとの面会を求めておられるようです。『ほっとはうす』にも訪問したいという、つよいお気持ちをずっ

ともっておられるようです。ただし、どうしても警備上の問題があるので、そちらへの訪問はむずかしい。それで加藤さんだけでいいから会いたい、とおっしゃっておられるようなんです。宮内庁からも、加藤さんお一人で、とご指名が来ていますので、両陛下とのご面会をお願いします。加藤さん、断われませんからね」

あしたが水俣訪問というときになって、いきなりの話であった。

戸惑いをおぼえながら、加藤さんは、

「それはそうですよね」

と、自分一人で両陛下に面会することを、いったんはその場で了承したが、

「ちょっと待ってください」

と、すぐに思い直して言った。

「私一人でお会いするというのは、どうなんでしょうか。やはり皇后陛下がいちばんお会いになりたいのは胎児性の患者さんたちでしょうから、私一人でお会いするわけにはいきません。ここの胎児性の患者さんと一緒にということであれば、お会いしたいと思います」

県は宮内庁の意向をうけて、電話をしている。宮内庁も県も、そもそも日程にないイレギュラーな面会をぎりぎりになって求めてきた皇后に、わるく言えばふりまわさ

れていた。そこにきて、当然自分たちの申し出をひきうけてくれるはずだと考えていた加藤さんから、患者と一緒でなければ会えないと言われ、はたと困ったようすだった。

この間の事情は詳《つまび》らかではないが、警備上の問題などをもちだして、侍従たちは胎児性患者との面会に難色をしめしていたのではないだろうか。あるいは、皇后は熊本に来るまでずっとこのことについては打ち明けず、来てすぐにこのような希望をつよい調子で言い出したのか――。

私は、ある人物から、水俣訪問が決まったころ、自分としては患者のみなさんに会いたいけれども、皇太子の問題があるのでむずかしい、と皇后が語っていたという話を聞いている。「皇太子の問題」というのは、むろん雅子妃の祖父がチッソの社長をつとめた話であろうし、皇太子夫妻よりも先に自分たち二人が会うということに、彼らの立場を慮る気持ちがはたらいたのではないかと推察される。

でも、石牟礼さんと会い、水俣病の話をして、胎児性患者に会ってほしいとの手紙をうけとってから、やはり皇后の気持ちは大きく前進したのだろう。

これは私の想像だけれども、スケジュール調整の段階にはいってからも、皇后は胎児性患者に会いたいという希望については、ひとことも言わなかったのではなかろうか。まえもって伝えてしまったら、いろんな理由をあげられて、つぶされてしまいかねない。それであくる日が水俣というタイミングで、いきなり希望を述べた、ということではないか。

しかし、「ほっとはうす」にたいして、宮内庁としては、なんのチェックもしていない。水俣病資料館で「語り部の会」の人たちと会うことになっているので、埋立地周辺にはきびしい警備が敷かれる。このエリア内ならば面会はなんとか安全におこなわれるだろうと考えて、それでも患者たちと会うには、車椅子だからそれを押す人員が必要、車も最低二台は必要、すると警備にも手間がかかるので、加藤施設長一人に面会してもらおうと思案をめぐらせたのだろう。

むろん、そこに皇后の考えがあったはずがない。侍従は皇后に加藤さん一人に会うことで納得してもらっていたわけでもないだろう。そこに加藤さんから、胎児性患者と一緒でなければおうけできないと言われて、自分たちの立場が宙ぶらりんになってしまった。彼らは考え直さなければならなくなった。

つまり加藤さんは、皇后の真情を代弁したわけで、すでに「ほっとはうす」側とは会う方向でスケジュールや警備の調整に動きだしていた宮内庁としては、皇后と加藤さんの本来の希望を実現する方向に軌道修正せざるを得なくなったのだ。

宮内庁と話しあった県の職員から、あらためて加藤さんのもとに電話がかかってきた。

「胎児性の患者さんは二名までとしてください。警備上の問題があるので、この話はいっさい他言なさらぬようお願いします」

初代理事長をつとめた杉本栄子の夫で、現在理事長をつとめている杉本雄にだけは、二名はだれをつれて行くか相談させてもらってもいいだろうか、と尋ねると、

「いや、それも困ります。あしたのご面会が終わるまでは、全部お一人で判断してください。どなたをつれて行くかという人選をふくめて」

と、とりつく島もない。

もう時間がない。加藤さんは、胎児性患者のだれがお二人のまえに出ても恥かしくはないと思っていたが、最終的に金子雄二と加賀田清子を選んだ。宮内庁側にはそれを伝えたが、本人たちにはもちろん、「両陛下にお会いすることになっている」とは言えず、黙っておいた。

細部にわたるさまざまな指導が県を通じて宮内庁から伝えられた。車椅子を押して行かなければならないので、人員がもうひとり必要だ。それで施設から出すべきかど

うかと考えていたところ、「県から出します」とのことだった。

移動にはタクシーが必要になる。車椅子なので、介護用のワゴンタクシーを頼まなければならない。いまのうちに予約をしておいたほうがいいと思い、県に尋ねてみると、

「タクシーは『ほっとはうす』からは手配しないでください。加藤さんの自宅から手配してください」

と言われ、つづけて、

「タクシーの運転手さんの名前と車のナンバーを教えてください。それと、運転手さんたちの携帯電話番号も」

と言われた。

水も漏らさぬ警備体制をつくりあげようとする努力が伝わってきて、なにか自分がスパイ映画の重要な登場人物にさせられたみたいで、これまでにも増して加藤さんは緊張した。

それに両陛下にお会いするなら、服装もきちんとしておいたほうがいい。でも二人の身内には事情を打ち明けることができないので、礼服をもって来てほしいなんて頼めない。金子さんと加賀田さんは、この日はここに泊まることになっている。帰らせ

るわけにもいかない。

金子さんは二週間に一度決まった日に理髪店に行くようにしている。その二週間目がもうすぐというタイミングで、ちょっと髪が伸びてきている。両陛下に会うことが決まっている母親のスミ子さんに、理由は告げず、「ブレザーはありますか」と訊いてみたが、「買わんとありません」と言われて、「いやいや、いいんです、いいんです」と、あわてて誤魔化したのだった。これは面会後の話になるが、

「あのとき私がブレザーのことを訊いたのは、こういう意味だったんですよ、お母さん。でも、お二人ともこざっぱりとした恰好で、まったく問題なかったので、安心してください」

と、スミ子さんに言って、笑いあった。

まあ、二人とも普段から服装には気をつかっているし、むしろ平服で会ってもらったほうが両陛下にはいいのかもしれない——と、ここまで考えて、加藤さんはもうあきらめることにした。

一夜が明けて、面会当日の朝、礼服を身に着けてきた加藤さんは、二人にわるいな、と思いつつ、金子さんと加賀田さんにこのように告げた。

「『ほっとはうす』は長年、金子さんや清子さんが願いつづけてきたおかげで、やっ

と実現した施設でしょう。それでね、きょうの午後に県の幹部の方が二人に意見を聞きたいとおっしゃってるの。私と一緒に行ってくれますか」

二人は快く応じた。

加藤さんは、純粋な少年少女の心のままの二人に嘘をついていることや、自分だけ礼服を着ていることが心苦しくて、たった一人で、ほんの一日かそこらでしかないのに、こんな重大な秘密を抱えることがどんなにつらいか、身にしみて知った。

3

施設を出発したのは、午後十二時半。

その時刻を正確に知りたかったので、何度か加藤さんに尋ねてみたが、はじめは「あれは十二時……じゃない、十一時くらいでしたかね」などと、自信なさげにこたえていた。すると隣りから金子さんが、出づらい声をしぼりだすようにして、顔を横に振りながら、なにか大声で叫んだ。

それが「十時半」と、私には聞こえた。

「十時半ですか？」

そう言って確かめようとすると、すばやく加藤さんが記録をもって来て、「十二時半」だったことが確認された。

もしかしたら金子さんは「十二時半」と言ったのかもしれない。「じゅうにじ」の「に」がうまく発音できなかったのか、と私は思い、「生まれながらに言葉を話すことのできない人たちの存在に触れていただきたい」という内容の手紙を石牟礼さんが皇后に送ったことを思い浮かべた。

「さっき、僕がそう言ったでしょう」

と、金子さんは言いたかったろう。

出発時刻についても、ぎりぎりまで伝えられなかった。天皇皇后が新水俣駅に到着し、それから市内に向かう。沿道では人びとが日の丸の小旗を振って、お二人をお迎えする。お二人は埋立地の海辺に建つ水俣病慰霊碑にまっさきに行き、献花をする。

「そのあと環境センターで昼食をとられ、それから資料館に移って語り部の会の方たちとお会いになる。そのあいだ三十分程度あるので、その時間を割いてお会いになるそうなので――」

と、県の担当者からは言われていた。

初のご来訪を歓迎するために国道三号線にくりだしていた近所の人たちが、ぞくぞくと帰って来た。それから三十分ほど経ったとき、出発時刻と行き先の指示が来た。直接、面会場所に行くのではない。「ナーサリー」まで行って待機してほしい、という。

それは埋立地内にある「グローバル園芸療法センターエコパーク水俣ナーサリー」というNPO法人が運営する施設で、障害をもつ人たちに植物や苗木を育ててもらうことによって働く場としてもらい、精神療養の場としてもらう事業をおこなっている。海側にある環境センターから見ると、そこは広大な埋立地をあいだに挟んで西の端の山側にある。育苗畑がひろがっている。

加藤さんは加賀田さんと、金子さんは県職員とそれぞれタクシーに分乗し、午後十二時三十分に「ほっとはうす」を出て「ナーサリー」に向かった。十分後に到着すると、タクシーのなかで待機せよとの指示が来て、育苗畑に沿った道路の隅で待った。白バイがたくさんとまり、周囲を監視している。

そのときはじめて加藤さんは、加賀田さんに真実を打ち明けた。もちろん運転手には車から出てもらって。

「じつは、ほんとうに申しわけない話なんだけれど、これから私たちは天皇皇后両陛下にお会いするんです。だれにも言っちゃいけないと言われていたので、ずっと内緒にしてました。ごめんなさい。石牟礼先生が一生懸命、胎児性患者さんたちのために、水俣病の患者さんたちのためにと願って、こういう機会をつくってくれたと思うので、みんなで協力しましょうね」

加藤さんは同様の話を、もう一台のタクシーのなかにいる金子さんにも伝えた。

「運転手さんも、何事だろうと思われたでしょう。『ナーサリー』に行ってほしいと言われ、そこでしばらく待たされて、そこからまた突然、行き先を変更されるんですから」

と、いま加藤さんは言う。

語り部の会の待機場所も同じ「ナーサリー」なので、彼らと出くわしてしまったらいけないと、三十分間そこにとどまったあと、こんどは水俣病資料館まえの駐車場で待機せよとの指示が出る。

ここまでの行程を整理しておくと、以下のようになる。

十二時二十五分、両陛下、慰霊碑への献花を終えて、環境センターへ移動。

十二時三十分、両陛下昼食。

同時刻、加藤さん一行「ほっとはうす」を出発。

十二時四十分、「ナーサリー」着。

十三時十分、「ナーサリー」を出、資料館まえの駐車場へ。三十分程度待機後、環境センター内の情報プラザにて待機。

そうして、天皇皇后の待つ応接室に呼び込まれたのは十三時五十八分であった。


以下、加藤施設長の話――。

環境センター一階の応接室に案内され、はいりましたところ、もうそこに両陛下がお二人で坐っておられましたので、私はびっくりいたしました。ほかにどなたもおられなくて、お二人きりなのです。両陛下は私たちを出迎えてくださり、金子さんと清子さんは車椅子ですから最初から坐った状態なんですが、私ひとりが立っていると、「こちらにどうぞお坐りください」と、陛下が正面の椅子をすすめてくださるので、私は坐らせていただきました。金子さん、清子さんと並ぶかっこうで。

「加藤さんですね」

いきなりそのように陛下のほうから声をかけられたので、私はまたびっくりして、

「はい、加藤でございます」

と、こたえました。

「十五年、ご苦労されたんですね」

と、言われたのは皇后陛下でした。

もう私、ほんとうにびっくりしまして……。「ほっとはうす」ができて十五年なんですが、私の個人史を知っておられたんですね。それから杉本栄子さんの名前をお出しになって、「ほっとはうす」ができるまでの苦労をねぎらってくださいました。

「なぜ水俣に来られたんですか」

と、皇后陛下に問われ、私はつねづね皆さんにお伝えしているお話を申しあげました。

私はやはり患者さんの人としての生きかた、そこに人間としての非常に高い志《こころざし》を感ずるんです。ですから、最初は私、東京にいて、水俣から東京にやって来る患者さんたちのお世話をしていたんですが、でもそのころは「支援」「お世話」というように、どこか自分を高いところに置いていたような気がするんです。

水俣に来るきっかけと、水俣に来てからこんにちまでをふり返ってつねづね思うのは、とくに胎児性の患者さんたちがさぞかしたいへんだろうな、じゃあ一緒に働く場をつくろうかな、というふうに、皆さんのお手伝いをしようかなと思いましたけれど、いま、ふり返ってみると、支えられてきたのは私のほうだったんですね。さまざまな紆余曲折のなかで、この方たちがもっているつよい意志の力、やっぱり人間として、ほんとうにはるかに私たちの手本になってくださってる方たちなんだな、ということを実感させられてきました。

清子さんなんて、この十五年のなかで、ついに歩けなくなってしまって、つらい思いをしているはずなのに、自分よりも人のことを思いやる心のやさしさがある。私が深夜まで忙しく動きまわっているのを知ってらっしゃるから、差し入れを届けてくださるんです。東京に仕事で行くときには、わざわざ電話をくださって、

「加藤さん、たいへんだろうけど、頑張って行ってきてください」

なんて、励ましてくださる。

夫が亡くなってからは、子どもがまだ小さかったものですから、もうみんなで子どもの面倒をみてくださったんですね。先週、夫の十三回忌があったんですが、人から言わせると、なんでこんな派手な十三回忌をするんだって言われるくらい皆さんに集まっていただいて、弔意と感謝の気持ちを捧げてくださいました。

それからやはり、水俣という土地の力でしょうか。自然、風土に恵まれて、東京にいるときには見えなかった――ヘドロのイメージのほうがつよかったんです――夕陽の美しさ、日没のときのあの光の放射。石牟礼道子さんに『みなまた海のこえ』という絵本があるんですが、まさにあの世界のなかに皆さんとともにいるんだな、という

愛《いと》おしさを感じます。ですから、この十五年の私は、患者の皆さんに支えられ、寄り添わせていただいているんだと——。

　両陛下には、そのようなことをかいつまんで申しあげました。

　するとお二人のどちらだったか、

「加藤さん、東京はどちらのお生まれなんですか」

　と、お尋ねになるので、

「はい、府中の出身でございます」

　と、こたえると、皇后陛下が天皇陛下にお顔をふり向けられ、

「あら、府中には行きましたね」

　と、おっしゃる。

「そうですね。府中には行きましたね」

　と、陛下もおこたえになって、

「ついこのあいだ行きましたよ」

　と、私をご覧になる。

「それは、ありがとうございます。わたくし事でたいへん恐縮でございますが、父は九十になり、母は八十八ですけれども、健在でおります」

と、お話しさせていただくと、

「ああ、それはよかったですね」

と、陛下が言ってくださいました。

面会時間は十分ですからね、と言われておりましたが、とても十分では終わりきれませんでした。金子さんと清子さんからお話を聞きたいという両陛下のつよいお気持ちがはたらいていたからです。

金子さんと清子さんを紹介し、それぞれからお話を聞いていくなかで、陛下の態度がじつにご立派だったのは、どうしても金子さんと清子さんの言葉が聞きとりづらいわけじゃないですか。でも陛下は、わかったふうなうけこたえをいっさいなさらずに、そのたびに、

「いま、なんとおっしゃいましたか」

と、私に訊いてこられるんです。たいへん辛抱づよく、熱心でおられました。

二人はそれぞれに生い立ちを語りました。

金子さんは、彼が生まれる三ヵ月まえに、お父さんを劇症型水俣病で亡くしている。金子さんのまえに生まれてきた二番目のお兄さんも胎児性患者で、この世に生まれてわずか数ヵ月で亡くなられている。そのあたりの話をするとき、どうしても金子

さんは涙ぐんでしまうというか、「ウーッ」となっちゃうんですが、両陛下はじっと耳を傾けておられました。

清子さんのところも、お父さんとお母さんが認定患者でした。お母さんが二〇〇三年に亡くなり、お父さんが二〇一〇年に亡くなられて、そのときの話をされましたが、やはり歩けなくなった――二人とも三十代半ばの若さで足を動かす機能が著しくきびしい状況になりまして――、その悔しさとかについても聞いていただいたんです。

ちょうど「ほっとはうす」の十五年の歴史と重なって、施設の準備をしている数年まえから、清子さんは階段を下りることができなくなっちゃったんですね。金子さんも体の平衡を保つことができなくなって、転ぶことがすごく多くなって、怪我が絶えませんでした。二人ともまだ三十代後半です。通常の人の場合の加齢ではないんですよね。

身体機能全体が著しく低下していくなかで、もともと二人は水俣病患者施設の明水園におられたんですが、自分の意志でそこを出て、家族と暮らすことを選択し、自分たちが社会参加できる場所、働ける場所、それを「ほっとはうす」建設に求めて、こんにちまで頑張ってこられたんです。

こうした話をそれぞれが両陛下にいたしまして、両陛下にはお心深くうけとめていただいたのではないかと思っています。

清子さんが、このようなことを申しあげました。

「これからも『ほっとはうす』が頑張らなければならない。まだまだ苦しんでいる人たちが、たくさんおります」

それで私も、「ほんとうに水俣病には終わりがないのです」ということをお話しさせていただきました。すると両陛下からは、

「ほんとうに、これからも頑張ってくださいね」

と、励ましのお言葉を頂戴いたしました。

官製で決められたスケジュールから外れたところで、突然設定された私たちとのご面会。月並みな言葉ですけれど、そこにはやはり両陛下の本物の気持ちがあらわれていると思います。言葉のやりとりひとつとっても、お聞きになる態度ひとつとっても
——石牟礼さんがよく胎児性の患者さんたちについて「人としての位が高い」とおっしゃるんですが、同じように両陛下にたいしても、まさに人としての位が高い、と、たいへん僭越ながら私はすごくそう思いました。

4

水俣病には終わりがない。そのように話したとき、加藤さんの心には、「チッソ救済法」と呼ばれるほど評判のわるい例の患者救済法の問題があった。加賀田さんの心にもやはりそれがあったから、苦しんでいる人たちがまだまだたくさんいると訴えたのだ。

金子さんと加賀田さんは、私がどうしても加藤さんの話のほうに多くの時間を割いてしまうので、少し手持ち無沙汰な感じで車椅子に坐っている。

ようやく二人から話を聞ける状態になり、私は加藤さんに手伝ってもらいながらインタビューにはいった。

——加賀田さん、両陛下とは、ほかになにかお話しされましたか？

加藤施設長「清子さん、ものすごく一生懸命になってお話しされましたよね？　毎日お忙しく全国を動きまわっておられる両陛下のお体を、清子さんはとても心配して、『お体を大事にしてください、大事にしてください。お歳も召されているし、気をつけてください』と言って——」

加賀田「元気なうちに、いろんな人たちのところをまわってください、って言いました。（両陛下は）元気なように（見えるけれども）……、病気をしてるけんね。元気なうちに、いろんなところをまわってほしいな、と思った。だけん、そげん言った」
——面会から一ヵ月が経ちましたが、なにか変化はありましたか。
加賀田「私は顔がまともに見れなかったけれども……、ただ横顔だけ」
加藤「ずっと見てたんですね」
加賀田「見て……、よかったな、って」
加藤「清子さん、自分の気持ちの変化はいかがですか？　例の、お風呂にはいれるようになった話、してもいいですか」
加賀田「はい」
加藤「清子さんはですね、じつは体のきつさもあって、お風呂にはいれなかったんですよ。もう十年以上はいってないでしょうね、浴槽のなかに」
加賀田「二十年……、三十年ぐらいはいってない」
加藤「これまで、いろいろとお風呂のはいりかたを工夫してはきたんですよね。でもやっぱり、いざはいろうとすると、怖くなっちゃって……」
——ああ、怖くなっちゃう。

加藤「お風呂場にはリフトが設置されているんです。車椅子のままそれに乗って、つりあげて、浴槽にはいれるようになっているんですが、やっぱり途中で怖くなっちゃう。ところが、両陛下からねぎらいのお言葉をいただいて、チャレンジする気持ちが湧いてきて、はいれるようになったんですよね、清子さん」

加賀田「天皇陛下さんたちも頑張ってるから、私たちも頑張らなくちゃならないね、と思った。失敗してもいいと思ったから、やる気になった」

――そうでしたか。たいへんな変化ですね。

加賀田「だれもわからんけれども……」

加藤「ほかの人にはわからんけれども、っていうのは？」

加賀田「気持ちは自分にしかわからないけれども、天皇陛下さんたちも頑張ってるから、私も頑張らなくちゃならないと思って、乗る気になった」

――すごいじゃないですか。

加藤「過去の装置は、ハンモックみたいになって、横たわる感じだったんです。清子さんは怖がって、はいれませんでした。いま一週間に一回の割合で、はいっていますよね。清子さん、気持ちいいですか？」

加賀田「はい」

加賀田さんは笑う。その笑顔は、こちらの心をとろけさせてしまうくらい、満面にひろがる笑みである。私が加藤さんと話しているときは、むっつりとして、なにか怒っているのではないかと心配するくらい怖い顔をしている。それなので、よけいに表情の変化があざやかに感じられる。

二〇一二年二月二十六日に放映されたNHK・ETV特集『花を奉る 石牟礼道子の世界』の最後のほうで、明水園を訪れて帰りかけようとする石牟礼さんにひと目会おうとして、車椅子を押してもらって追いかけてくる加賀田さんの姿が映し出される。

彼女との再会は予想外だったようで、石牟礼さんはうれしそうに顔をほころばせ、加賀田さんの手を握る。加賀田さんもマスクからのぞく両目を細めている。

思いがけない出来事がおこったのは、励ます側の石牟礼さんのほうが加賀田さんに励まされて、泣きだしてしまったことである。

足を骨折して同じように車椅子に乗っている石牟礼さんに、加賀田さんは、「道子さんも元気でおってね」と言い、歩けぬつらさを自分も知っているから、「頑張ってね。歩けんとが、いちばんつらいけんね」と言い、そして「これからも詩ばいっぱい書いてね。応援しとる人は、いっぱいおるけんね」と言うのだった。

「私のほうが清子ちゃんから励まされた……」

と、石牟礼さんは震える声で言い、ハンカチを目蓋にあてる。

すぐそばには、見送りに来た胎児性患者の半永一光さんと鬼塚勇治さんがいる。半永さんは、『苦海浄土』に登場するあの「杢太郎少年」のモデルとなった人である。放送のとき五十六歳。鬼塚さんは五十五歳。いまも生きている。

思うに、天皇皇后もまた加賀田さんに「頑張ってください」と励まされ、心を大きく動かされたのではあるまいか。自分たちの体のことまで心配してくれる、両親を亡くしたうえにもはや歩けなくなっている人に、そのように励まされたことが、語り部の会の人たちに会ったとき、異例のあの長い言葉を発する機縁になったのではなかろうか。

——金子さんは、どんな話をされましたか。

金子「仕事をしてます」

加藤「それから、どんな話を？」

金子「ケアホーム」（と、大きく声を響かせる）

加藤「ケアホームを一生懸命つくっているんですよね。それから、あとは？」

金子「緊張した」

加藤「両陛下にお会いしたときのことですね。お会いして、どんなふうに思いましたか」

金子「緊張して……、泣いた」

――そうでしたか。

加藤「金子さんの場合、どうしても言語障害がきついので、言葉を出すより、そういうかたちのほうが表現しやすいんですね。でも、泣いたというのは、金子さん一人じゃありません。清子さんも、私も、やっぱり思わず涙が……。ずっと見ていてくださったんだなあ、忘れられていなかったんだなあ、といううれしさでしょうか」

金子「うれしかった」(と、身をよじらせる)

――そうですか。加賀田さんも、うれしかったんですね。

加賀田「お姉ちゃんたちに、よかったね、って言われました」

金子「お母さんも、びっくりした」

加藤さんによると、金子さんが「仕事をしてます」と言ったとき、天皇は「ああ、仕事をしてらっしゃるんですね」と、感心したように声を返してきた。そこで加賀田さんが「押し花で栞《しおり》をつくっています」と言い、現物を出して見せると、皇后が手に

とり、お二人でそれに見入りながら、

「ああ、ほんとに野の花ですね。すごく丁寧なお仕事ですね」

と、やさしい声で皇后が言う。

そのように褒めてもらった栞は、立浪草《たつなみそう》と菫《すみれ》の押し花で飾られていた。こうした野花をスタッフが摘んできたのを、金子さんや加賀田さんたちが丁寧につまんで押し花にする。

これは書いていいことかどうかわからないが、皇室の身体に直接触れるのはもちろん、手土産のたぐいはいっさい渡してはならない決まりになっている。しかしこれから書きとめておこうとする慎ましい話なら、許してもらえるのではなかろうか。

金子さんはこのとき、皇后に名刺を渡してしまった。いや、これは正確ではない。このような押し花で名刺もつくっているということを知らせたくて、金子さんが自分の名刺を見せたところ、皇后は目を輝かせて、

「あら、このお名刺はいただいてもいいんですか」

と言った。

「はい」

と、金子さんはこたえた。

皇后はバッグから懐紙《ふところがみ》をとりだして、大事そうに包み、するりとバッグにしまった。

名刺をもつということは、自分は仕事に就いている、生きる糧を得ている、ということだ。それをわかってもらいたくて金子さんは名刺を見せ、その気持ちをうけとめたくて皇后は名刺を所望したのだろう。みずから禁を破ってまでも。

金子さんは二十一歳のとき明水園を出て、自立をめざした。古い写真には、その当時の若者と少しも変わらぬお洒落な服装をした姿が写っている。ややバランスを欠きかけながら、二本の足でちゃんと立っている。

二十三歳のとき、胎児性患者と小児性患者の仲間たちとともに、石川さゆりのコンサートを企画運営した。そのとき撮られた石川さゆりをかこむ集合写真には、髪をアフロにした金子さんが写っている。加賀田さんも一緒にいて、あたりまえだけれども若い。

二人にとって青春というものは、残酷な経験であったろうか。それとも、暗闇を照らす一条の光のごとく、たとえ一瞬であろうとも「生まれてきてよかった」と歓喜に包まれた経験が、その先に希望をつないでいってくれただろうか。

ところで、皇后は、もうひとつ禁を破ってしまった。

面会の予定時間は大幅に過ぎてしまっている。室内にはいって来た侍従の「お時間です」という声に静かに立ちあがった皇后は、触れてはならぬはずの二人の手をとり、

「体に気をつけてね」

と、声をかけたのである。

「夢のなかの話にしておいてくださいね」

すべてが終わり、外に出て、県の職員からそう言われたとき、加賀田さんは、どうしていいかわからず、怖い顔になった。

ストレスをため込むとよくないな、と加藤さんは心配したが、すでに書いたように、その後の語り部の会で天皇皇后のほうから面会の件を話し出されて、あっけなく公に知れるところとなった。

5

どんなにこの三人が緊張し、面会の秘密をだれにも言うまいと努めていたかを別の側面から知りたくて、熊本日日新聞水俣支局の辻尚宏支局長に当日のようすを聞い

た。同支局長は、私が逗留している湯の児温泉の昇陽館まで来てくださった。

熊日は地元紙として「奇病騒ぎ」の当時から水俣病事件と向きあい、社をあげて同事件の真実に迫る報道を現在までつづけてきている。辻支局長も加賀田さんをはじめとする患者たちと、いつでも話ができる関係を築いていた。


以下、辻支局長の話――。

ご訪問のスケジュールについては、当日より十日ほどまえに報道関係に紙が配られました。それはもう分単位の日程になっているんですが、私は「ほっとはうす」訪問の日程も書かれているんじゃないかと期待していたんですけれど、残念ながらそれはありませんでした。

水俣に両陛下が滞在なさるのは半日です。資料館で患者さんたちに会うのを日程の最後として、新水俣駅から熊本にもどることになっていました。語り部の会には永本賢二さんという胎児性患者もおられるので、一応胎児性患者にも会われることになってはいるんです。ですから、語り部の会が患者を代表して会うということなんだな、と私は思っていました。まさかあんなふうに面会なさるなんて、思ってもいないことでした。

その日、私はずっと両陛下に随行していましたので、ほかを見てまわることができません。両陛下が昼食をとられる環境センターのなかまでは随行が許されませんので、お昼は資料館の下にある環境省の水俣病情報センターにいたんです。すると知りあいの記者から「金子さんと加賀田さんを見かけたよ」と聞いて、「あ、これは会ったんだな」と思いました。というのも、両陛下の昼食時間がわりと長くとられていたんですね。ご高齢だから休憩の時間も含めてそうしてあるんだろうな、と受けとっていたんですが……。

その後、自分たち記者は、資料館で両陛下が一連の展示を見られたあと語り部の会の皆さんとお会いになるところへ随行しましたので、すぐには加賀田さんに連絡がとれません。両陛下が熊本にもどられたあと、私は語り部の会の皆さんに、どういう話をされたのか取材しなければなりませんでした。両陛下のお声が小さいので、現場にいてもよく聞き取れなかったし、患者さんたちの感想も聞いておきたかったので。

熊本にもどった宮内庁の役人が、その日の両陛下の動きなどについて会見したとき、はじめて公式に、「本日、胎児性患者さん二名と『ほっとはうす』施設長に急遽でしたが面会されました」と発表したので、やはりそうだったのか、ということになって、私はすぐに加賀田さんに電話をしました。オープンになったのだから、話してもらえるのではないかと思って。

すると加賀田さんは、「私、行ってないよ。きょうはずっと家にいた」と、あくまでも言い張るんですね。それで一度電話を切って、施設長の加藤さんに電話をしてみたところ、なんで知ってるの、みたいな話になって、宮内庁から発表があったことを伝えると、自分でも確認をとりたいということで一度電話を切られたんです。そうして、やっと加藤さんから話を聞き、それから清子さんにあらためて電話をして、もう嘘はつかなくていいから、と言って、話を聞かせてもらったんです。

ほんとうは金子さんにも話を聞きたかったのですが、締切りの時間が迫っているし、残念なことに金子さんは言葉がうまく出てきません。清子さんに代表して話してもらいました――。

ときどき辻支局長は、加賀田さんのことを「清子さん」と呼ぶ。どこかそんなところにも、加賀田さんの親しみやすい性格があらわれている。やさしくつよい心の持ち主である加賀田さんは、だれになにを訊かれても、自分はその日、一日じゅう家にいた、資料館のあたりになんか行っていない、と一生涯言いつづけるつもりでいたのに違いない。

翌日の熊日新聞には、加賀田さんのつぎのようなコメントが載った。

〈「まだまだ苦しんでいる人がたくさんいるから、元気なうちに会ってください」と（両陛下に）お伝えした。陛下とお会いできてうれしい。私たちの願いが、両陛下に届いたと信じたい〉

加藤さんは、後日談として、このように話してくれた。

「両陛下と語り部の会の面会の最終シーンでは、杉本雄さんと肇さん親子が、いちばん驚かれたんじゃないでしょうか。ご挨拶をしようと立っていたら、皇后陛下のほうから近づいてこられて、『杉本さんのご家族ですね』とおっしゃったんだそうです。そしてまた、つづけて『杉本栄子さんのご家族ですね』と、栄子さんの名前をおっしゃった。知っておられたんですね。それで『いま、「ほっとはうす」の加藤施設長さんと胎児性患者さんお二人とお会いしてきましたよ。ご苦労があったんですね、栄子さん』とおっしゃってくださったんだそうです」

その横から金子さんが、突然、しぼり出すように声をあげて、

「お母さんに会った」

と言った。

「そうですね。金子さんのお母さんも皇后陛下に声をかけていただいて、『いま息子

さんにお会いしてきましたよ』と。そこで語り部の人たちはみな、びっくりしたそうです。夕方、辻さんから電話がかかってきたときは……、ね、かかってきたんでしたね」

と、水を向けられた加賀田さんは、

「はい」

と、短くこたえた。加藤さんが話を引きとって、

「辻さんが、記者発表があったんです、とおっしゃるものですから、いったん電話を切って、県に確認しようとしたら、向こうからちょうど電話がかかってきて、宮内庁が発表したという知らせをうけとったんです。すでにマスコミから問い合わせが来ていることを私は話して、もう私はしゃべりますよ、と申しあげたんです。会ったことはわるいことではないし、とても大事なことだと思っていましたので。ですから清子さんにも県のほうから、もう内緒にしておかなくていいよ、という電話がね、県から……」

「はい」

と、加賀田さん。

「でも、しばらく混乱しましたよね。いろいろと感想を訊かれましたし、翌日は一

社、テレビ局の取材が来たりとか。杉本理事長に報告のために電話をいれて、嘘をついていたことをお詫びしようとしたら、『あんた、皇后陛下からちゃんと聞いとったよ』と言われて、私、びっくりしたんです。息子の肇さんからも、『母のことをお話しくださって、ありがとうございました』とお礼を言われたんですが、『私が言うよりも先に皇后陛下のほうから、栄子さんの名前を出されたんですよ』と言うと、肇さんもたいへんよろこんでおられました」

加藤さんはここで一端話を切り、しみじみとした顔になって、このように話を継いだ。

「いまになってみれば笑い話というか、そんな感じになってしまいますけれど、すべては天皇皇后両陛下の思し召しだったのではないかと、そう思ってるんです。語り部の会で私たち三人に会ったことを話していただかなければ、これはずっと密室のなかの出来事なんですよね。五人以外に、だれもいないんですから。私たちがうっかりしゃべったとしても、それこそ、夢でも見てたんでしょう、で終わってしまう話なんです。証人は天皇皇后両陛下しかおられないんですから。でもたぶん、そういうことにはさせたくなかった――」

秘密の話にさせたくなかったのだ、お二人は。広く知らせたかったのだ、すべての国民に。

愚かなる国と企業が引き起こし、引き起こしてもなお罪を認めず、川本輝夫の言うごとく「無差別大量毒殺事件」と呼ぶに等しい毒のたれ流しを不知火海につづけ、このように言葉も歩くことももがれた運命の子らを世に生まれ出でさせてまでも、金による救済は彼らの運命にくらべたら微々たるものにすぎず、チッソも国も心からの謝罪の言葉を述べてはこなかった。

救済されざる人びとは、まだ全国に大勢いる。すなわち天皇皇后は、水俣病事件の象徴のような胎児性患者と自分たちが会ったことを満天下に知らしめることによって、事件の歴史とその被害者の存在を忘れずにいてほしいと訴え、そして二度とこのようなことをくり返してはならないと言外に訴えようとした。そういうことだったのではないか——。

「事前に私たちに会うことを発表してしまえば、なぜ『ほっとはうす』なのか、という意見も出てきたと思うんです。それもふくめて、なにもかも全部先を見通されたうえで両陛下はふるまわれたんだと、そう考えるしか、ほかに考えようがないんです」

と、加藤さんはつづける。

「皇后陛下が杉本理事長のまえに立たれたとき、ご自分から私たちに会ったことを言ってくださった。それは私たちにたいして礼を尽くそうとされたからではないかと思うんです。でなければ、マスコミ発表なんてあり得ません。正直言って、ほんとに私たちは秘密を背負って苦しかったんです。それさえも両陛下はわかっておられて、あなたたちにご負担をかけてしまいましたね、という気持ちと、あなたたちと会ったことはほんとうに良きことととして、私たちのほうから発表します、というふうに、そこまで配慮してくださった。ですから、たんに石牟礼さんと約束したから会いましたよ、ということではなくて、もっと大きなお考えのもとで会ってくださったのではないか、と。あれからひと月たって、そうした両陛下の思し召しというものが、毎日毎日じわじわと満ちてきているところなんです」

別れの時間が来た。金子さんは用事があるらしく、あわただしく先に帰って行き、加賀田さんもきょうは明水園に帰る日なので車の迎えが来てしまった。

私は加賀田さんが浴槽につかりはじめたことがうれしくて、車椅子の膝元にしゃがみ込み、両手をとって、よかったですね、これからもお風呂にはいれるよう祈っていますよ、と言うと、どこからそんな力が湧いてくるのか、加賀田さんはこちらが戸惑ってしまうほど一段と深い童女の笑みをひろげて、

「頑張ってはいります」

と言った。

私は石牟礼さんがこの人に励まされて涙するシーンを、あたかも自分が経験したことのようにまざまざと思い出し、ああ、たったいま自分はこの人から励まされているのだなと、電流をあびたように全身に力がみなぎってくるのを感じた。

蔦《つた》の一本一本が縒りあわさり雑木たちが生い繁る森は、外から見る者には野卑で無秩序に見えるかもしれない。でもひとたび内側へはいってみれば、緊密な自助互助の精神が手足の先まで行きわたり、きわめて秩序立って暮らしてきた村の家々からも、自分と同じ年頃の子どもらが幾人も死んでいったに違いない。それをこの人は、どんなふうに見送ってきたのだろうか。どうしてこのように健康な精神をもちつづけていられるのだろうか。

天皇も皇后も自己主張を許されていない。加賀田さんはいくらでも自己主張のできる立場にあるが、残念ながらどうにか言葉を発せられる程度。でも、それでも、これは両陛下に面会した胎児性患者の永本さんとともに極めて稀な例なのであって、言葉をしゃべることのできる人はほとんどいないのだ。

言うなれば双方は、ともに言葉を奪われている。この世、この日本という国、この時代にたまたま生まれあわせて、それぞれの運命を生きることになってしまった存在どうしとして、月と太陽、海と空のようにたがいに呼び交わす魂の関係が成立するのではないか。石牟礼さん言うところの「もうひとつのこの世」とは、このようなことを言おうとしているのではあるまいか。

しゃべることができなくても、しゃべろうとする金子さんの姿に、私は心をはげしく揺さぶられた。お二人に会うために施設を出発した時刻を正確に伝えようとしたときのあのもどかしいような声の張りあげかたとか、自分のこれからの希望をどう述べたかを説明するさいに「ケアホーム」と、顔をやや上に振りあげて身をよじりながら叫《おら》びあげたときの表情からは、全存在をかけた豊饒な言葉の広がりが感じとれた。きっと天皇皇后も同じものをその目で見、その耳で聞いて、「人間」としてのあらわな側面を思いがけず表出させてしまったのであろう。決してそれをしてはならぬはずの行為を皇后みずからしてしまったのは、そのためであったろう。

いや、違うのではないか――と、施設を出たあとで私は思い直した。

非公式な面会とはいえ、侍従を同席させず、三人が部屋にはいったときから、すでにお二人だけで待っていたのだ。それが指し示す意味を、よく考えてみなければいけない。皇后は金子さんの名刺をみずから所望した。侍従が同席していたら、このような行為はあり得ただろうか。これもまた「言葉」なのであろう。自己を主張してはならぬはずのお二人は、ちょっと極端な言いかたになるかもしれないが、限りなく生身の人間として接しようとした。このような皇后の行為ひとつとっても、そうした意思が明白に感じられる。

そして、そのあと語り部の会との面会で、あのような異例の挨拶を天皇がおこない、極秘事項であった胎児性患者二人との面会を公にする。加藤施設長が語った「思し召し」という見立てを、さらに私なりに補強して言うならば、天皇皇后は、最終的な救済策によって水俣病事件に幕引きをはかろうとする政府とチッソにたいして、その手ぬるさを問い、全国民に向かって、まだまだ水俣病事件は終わっていないと、やはり訴えようとしたのだろう。そして自分たちは、これまで死んでいった数多くの報われざる患者たちの霊とともにあり、いまもなお苦しんでいる人びととともにあるということを知ってほしいと訴えているのではなかろうか。

歌会始の儀で、天皇が詠んだ一首――「慰霊碑の先に広がる水俣の海青くして静かなりけり」にしても、そのような意思が明瞭に感じられる。ただただ水俣の海が青く静かであるということを、この御製はうたいあげているのではない。冒頭に「慰霊碑の」とあるのを、漫然と私たちは見送ってはならないだろう。

青く静かな海は「慰霊碑の先に広が」っている。それは死者たちの霊魂つどう海なのだ。緒方正実も西日本新聞のインタビューにこたえて、「水俣病なくして水俣の海は語れないと、陛下が原点をきちんと見つめられている」と、やはり「慰霊碑の」に注目して語っている（二〇一四年一月十五日付夕刊）が、その慰霊碑には、「不知火の海に在るすべての御霊よ／二度とこの悲劇は繰り返しません／安らかにお眠りください」と刻まれているのだ。

それをお二人はその目で見て、献花する。天皇は一年のはじまりにあたって、この御製を詠んだ。鎮魂と誓いの言葉の先に海がある。

その海は、このような苦しみや悲しみは自分たちで終わらせてほしいという死者たちの祈りに満ちて、どこまでも青く、静かなのだ。

第四章　もだえ神様

1

天皇皇后の水俣訪問をめぐって、石牟礼さんからは、感想と呼べるようなものはほとんど聞かれない。こちらからも尋ねない。この出来事によって、すべての患者とその家族、そして死者たちにたいする救済や謝罪が実現したわけではないのである。

たったひとつ私から知らせたのは、あれから加賀田清子さんが浴槽につかることができるようになったということのみで、そのとき石牟礼さんはうれしそうに、にっこり笑った。すでに加藤施設長からも知らせが行っていたはず。微笑以外、とくに言葉はなかった。

天皇の御製についても、歌碑の建立についても話をしていない。それによって救済も謝罪もおこなわれるわけではないし、むしろ国やチッソは、これでようやく自分たちが引き起こした事件に幕が引かれたと都合よくうけとめているに違いない。

二〇一四年にはいって、石牟礼さんの身には抜き差しならぬ事態が生じた。毎年決まって正月明けにご様子うかがいに行っているのだが、一月四日に訪れた先は、仕事場を兼ねたあの居室ではなく、リハビリテーション病院の一室だった。また、入院したのである。

石牟礼さんは、なにか書こうとして紙をひろげていた。文字はまるで蛇の子がにょろにょろと這いまわっているようなありさまで、判読不能。

「字を書く練習をなさってたんですね」

「平仮名も書けません」

もちあげてみせた右手が、左右に小刻みに震えている。

「これは水俣病の症状と一緒です。私は水俣病だと思います。うちの弘先生も医者に何度か診察をすすめられてきました。うちの先生も水俣病だと思います」

と、離ればなれに暮らす自分の夫までも水俣病ではないかと疑っている。教師をしていたので、「先生」とつけてこのように呼ぶ。

一月九日には、これまで暮らしてきた居室を出て、そこからそう遠くない帯山の高齢者住宅に入居した。ついに慣れ親しんできた仕事机も本棚もない、介護付き施設の住人となったのである。

もとの居室の整理をしなければならなくなった渡辺京二氏は、そちらへもたびたび出かけて、蔵書や資料類の整理にあたり、必要のないものは処分し、そうでないものは元の大家である古い友人、山本医師夫妻の厚意によって隣りの小さな部屋に置かせてもらった。

渡辺さんは、こうしたことをいっぺんに済ませたわけではない。少しずつ時間をかけて、ゆっくりとすすめていた。

手伝いますよ、と私は言うのだけれど、

「いいんだ、いいんだ。知りあいの赤帽さんがいるから、彼に来てもらって引っ越しすればいいいんだから」

と、とりあってくれない。そのためか腰の具合がわるくなって、体調の思わしくない日々が訪れた。

このような二人ではあるけれども、ご自分の本分の仕事はたくさんした。石牟礼さんは、「現代詩手帖」でつづけてきた連載詩の最後の一篇「檻の中の哲学」を発表し、同じ一月には熊本日日新聞に連載した自伝『葭の渚』を、三月には自身の語りで構成されたドキュメンタリー映画のテキストを文章化したエッセイ集『花の億土へ』を、いずれも藤原書店から出版した。連載詩もやがて一巻の詩集にまとめられ、出版

撮影　小原孝博

される。『葭の渚』も全集に別巻として加えられることになっている。

渡辺さんのほうは、「石牟礼さんの療養費を稼がなきゃ」というのが、このところ口癖みたいになっている。それを裏付けるような頑張りかたで、前年十月には『近代の呪い』(平凡社新書)を出し、三月には『幻影の明治』を平凡社から、八月には『無名の人生』を文春新書から出版する運びとなっていた。

もうひとつ、石牟礼全集の別巻『葭の渚』に添える百枚あまりの原稿を書かなければならない。石牟礼さんの自伝は、一九六九年水俣病患者の一部がチッソを相手どって裁判を起こした時点で終わっている。これ以上は書けないという彼女にかわって、それ以降から現在にいたるまでの石牟礼さんの「詳伝年譜」を執筆する。熊本日日新聞では「渡辺京二の気になる人」という月に一度の連載対談をつづけ、月刊誌「選択」では『追想バテレンの世紀』を連載しながらの仕事であった。

二月七日に一緒に見舞いに行った先は、高齢者施設のほうの二階の一室であった。車椅子に坐っている石牟礼さんからは、言葉がなかなか出てこない。あの美しい笑顔が、すっかり消えてしまっている。

八畳一間ほどの部屋には、ベッドが大きな面積を占めている。渡辺さんはベッドに腰をおろし、私は小さな椅子に腰掛けて、正面から石牟礼さんを見ている。

あくる日の飛行機で、東京へもどることになっていた。ところが朝になって、四十五年ぶりという大雪に東京が見舞われ、羽田発着の飛行機は午後から全便欠航とのニュース。もう一泊することにして、午後、石牟礼さんの部屋へ行くと、ベッドの上に覆いかぶさるようにしている黒いコートの男の背中が目に飛び込んできた。

黒い塊は石牟礼さんを抱えあげようとして、にっちもさっちもいかないようすなので、かわりましょうか、と声をかけてみたが、こたえてくれず、「うーん、うーん」と、いきむような唸り声をあげている。三十秒から一分近くそうしていたが、「ああ」と息を吐き出して、

「あなた、やってくれ。おれはもう力がなくなってしもた。情けなか……」

他人にはさわらせたくないのかな、と私は思った。米満さんはお遣いに出かけて、留守をしていた。

石牟礼さんは上体を起こしてほしいらしい。それならベッドの背をあげてやればすむことだろうが、体全体が下のほうにずり落ちているので、上にもちあげてやってからでないとベッドの背を動かせないのだと、渡辺さんが言う。

はじめて背中にまわした手は、悲しいほどに直接骨を感じてしまった。首のうしろにまわしたもうひとつの手は、すっかり細くなった首すじと髪に触れる。全身から力

が抜けてしまっている人間というものが、こんなに重たいものかと私は思い知らされた。体重はおそらく四十キロにも満たない。掛け声をあげながら、ゆっくりとずらしあげてやらねばならなかった。

脚がベッドの端にかかっている。それで体が途中から、よじれてしまっている。

「まっすぐになりたいですか」

「はい。まっすぐになりたかです」

膝の裏側に手を差しいれてみると、もう肉はほんの気持ちばかりしかなく、枯れ木のような骨の感触があるばかりで、膝の裏に無圧マットを置いて、膝が立てられるようにしてほしい、とせがむ。

「ありがとうございました」

「水はいかがですか。喉が渇きませんか」

「飲みたかです」

吸い飲みを差し出す。小鳥の雛《ひな》みたいに唇をすぼめて、ひと吸いしたか、ふた吸いしたか――。

「はい。もう、よかです」

湿《しめ》らせる程度でいいのらしい。

東日本大震災と同じ、三月十一日生まれ。もうじき八十七歳になる。にもかかわらず、この人はこのようになり果てても、いかにも清潔なのだ。

この夏で八十四歳になる渡辺さんにしても、老醜なんてどこにも感じられず、むしろ以前語ってくれたように「万年書生」のまま年齢を重ね、そうしていまは見かけだけは老いてみせているけれども、「書生」は相変わらず「書生」のままで、穂をつけたばかりの稲のごとく青々としている。

その夜は、渡辺さんと別れ、熊本城を間近にする「カリガリ」へ行き、酒を飲み、幾種類かの肴《さかな》をむしゃむしゃ食った。

2

この店は、石牟礼さんにとっても、渡辺さんにとっても、忘れることのできない店だ。カウンターの隅で、石牟礼さんは原稿を書いた。渡辺さんがオルガナイザーをつとめた「水俣病を告発する会」の、かつてのアジトなのである。一年まえ（二〇一三年）の四月、店主の松浦豊敏氏が長患いのすえにこの世を去り、妻の磯あけみさんがアルバイトの女の子をつかって切り盛りしてきた。

しかしこの店も、大家との賃貸契約が切れる三月いっぱいで閉めてしまうという。もとより両陛下訪問のタイミングとはなんの関係もないが、やはり石牟礼さんの容体の変化などを考えあわせたりしてみると、「水俣」というものをめぐって大きなムーブメントをつくりあげてきた人びとが、しだいしだいに隠れていってしまおうとしているという感慨が、どうしてもわいてくる。

人によっては舟の内部に見えるらしい店内は、テーブル席も七人掛けのL字型のカウンターも、椅子や壁も、すべて木製の落ち着いた雰囲気で、七〇年代の空気がまだ薫り残っている。

松浦という人は、不知火海に近い熊本県松橋《まつばせ》町で大正十四年に生まれている。昭和二年生まれの石牟礼さん、昭和五年生まれの渡辺さんよりも年長なのだ。三人は店がオープンするよりもまえに雑誌「熊本風土記」を介して知り合っており、川本輝夫をリーダーとする自主交渉派の決断と行動を全面的に支援し、東京丸の内のチッソ本社を占拠したとき、松浦氏に指揮を頼んだのはこの二人であった。各地に散らばる製糖組合を全国組織にし、議長として数々の争議を指導してきたこの人物の器量と経験を求めたのだ。

松浦は地元の旧制宇土《うと》中学を卒業後、中国山西省の国策会社に就職し、昭和十九年召集されて、砲兵として冬部隊に所属した。湖北省漢口（現・武漢市）の北方から開始されたベトナムまでの長大な死の行軍の生き残りであり、戦後は東京に出て製糖会社に勤務、そのかたわらフランス語を学び、石牟礼さんや渡辺さんも薫陶をうけた水俣出身の詩人谷川雁と知り合って、詩を書いていた。

ヒロヒト
見えるか　消えた火が
聞えるか
まつ白な道の果てを
遺恨だけで生きて来た
骨の音が

これは「漢口からビルマへ」という松浦氏の詩の最終連であるが、のちに石牟礼、渡辺両氏と三人で季刊誌「暗河《くらごう》」を創刊し（一九七三年）、創刊号で死の行軍のありさまを赤裸々に描いた小説『越南ルート』を発表している。いまは福岡の石風社から単行本になって出版されている。

ビルマ戦線支援のために――もう彼の地では日本軍は敗走をはじめていたのだが――、はるか漢口から五〇〇〇キロの道のりを徒歩で向かうのだ。つぎつぎに飢えて死んでゆく戦友たち、「徴発」と称する村々への略奪行為と放火、飢えのなかで彼らが死んでいくたびに、その片腕を切り落として焼く。胴体は土に埋める。「もう身も心も乾いて枯れて、フケが飛ぶように何処かへ消えてしまう」。

昭和十九年十一月末からはじまった行軍は、翌年五月末にようやく中越国境を越え、それからまもなく本人も飢餓のために落伍し、四〇〇〇キロを歩いたところで彼自身の行軍は終わる――。

ほかにも労働争議の顚末を描いた『争議屋心得』『ロックアウト異聞』の著書があるが、「松浦豊敏が死ねと言うなら、オレたちゃいつでも死ぬ」と言って憚《はばか》らぬ宮崎県日向《ひゅうが》市の製糖組合員もいたほど、彼の人望は厚かった。

ちなみに石牟礼さんは「暗河」に創刊号から『西南役伝説』の連載をはじめ、渡辺さんは『ドストエフスキイの政治思想』の連載をはじめている。上村希美雄が『宮崎兄弟伝』の長期連載をはじめたのも同誌であった。

この店は、松浦氏を熊本に呼び寄せるために石牟礼さんや渡辺さんが物件を見つけておいたのだ。はじめ谷川雁は、料亭をやれと言っていた。まあしかし、自分たちの身の丈にあったものでいいのではないかということで、「カリガリ」をひらき、昼間はカレーライスやサンドイッチなど軽食を出す喫茶店として、夜は大人たちに酒を出す酒場になった。機関紙「告発」の原稿書きや会議の場所となり、水俣病事件の深部を伝えようとするジャーナリストたちもここをたまり場としたが、どういうわけかこの店は地方文化人の内向きな集まりへとは沈み込まず、日本はおろか世界の文学や文化、政治潮流にまで大きくひらかれたサロンに育っていった。

栃木県出身の磯あけみさんは、東京の製糖会社に入社して二ヵ月目にして、全国議長の松浦氏につれられ熊本まで流れて来た。結婚し、子どもを産み、以来ずっと熊本の人である。

いまもこの店にやって来るのは、ほとんどが水俣病闘争にかかわった学者やジャーナリストたちだ。渡辺さんはしばらく顔を出さなかったが、私にせがまれて行くようになり、店が閉店すると知ってからは一人でも訪れるようになった。石牟礼さんもきっと、訪れたいだろう。

「石牟礼さんが水俣から熊本に出てこられたころ、最初はうちに泊まってたんですよ」

と、磯さんが言う。

私は『葭の渚』をひらき、第三部「歌人・志賀狂太の運命」の章に「あなたの歌の中には猛獣がいる」との、歌誌「南風」の主宰者蒲池正紀氏による道子短歌評を見つけた。そうだろう。文章がいかにやさしく繊細に見えても、ひとつのテーマを重層的に、また音楽的に描き出していく石牟礼さんのような詩人・作家のなかには、国宝級の皿を平然とたたき割ってしまうような原始の力が、ガラス細工の球体にしまい込まれているはずである。

まだ二十代後半の「南風」時代に、「キャンデー売りや牛乳売り、印刷工となっては、覚せい剤のヒロポンをうちながら深夜労働に取り組み、合間には畑仕事をする」青年歌人・志賀狂太とめぐり合ったことが、同じく寄る辺ない魂を抱えてこの世を漂流する同行の者として、彼女に大きな影響を与えている。

このような歌を狂太は詠んだ。

けものめく血の昂ぶりは支へゐつ今日の理性の壊れんとする

頭垂《こうべ》れ野を嗅ぎ廻る犬に似てこの日さもしく在り経しよ吾《われ》

歌会の場で石牟礼さんが主宰者に「猛獣」と評されたとき、狂太はその場にいたので、もしかしたらこのような歌が生まれたのかもしれない。幾度目かの自殺未遂の果てに、とうとう彼は自死をとげ、帰らぬ人となった。石牟礼さんはその魂に一首を手向ける。

いかならむ世に相見し君ならむ　花ふぶき昏《く》るる中かなしその眸《まみ》

養子に出された家では、うまく折り合いをつけられなかったらしく、定職にもつかず、一種の風狂の徒に近かったのではなかろうか。彼はでも歌を詠むことだけはやめられなかった。放っておいても歌のほうから、生まれ出てこようとする。

このような人物と石牟礼さんは二十代の後半、長い手紙のやりとりをしていた。徹夜して書いた道子短歌への批評を、ひと眠りもせずに書きあげて自転車で二時間もかけて山中の道を郵便局まで出しに行く狂太は、この世にたった一人しか存在せぬ血を分けたきょうだいのように石牟礼さんを慕い、石牟礼さんもまた、わが魂のごとく受けとめようとする。

結婚し、子を産み、育て、百姓をするかたわら化粧品売りや裁縫仕事で家計を支える、当時としてはごくありふれた庶民の嫁が、文学の魔に魅入られてしまった。文学の魔は志賀狂太という、まったく無名の歌詠みの目を通じて彼女をじっとのぞき込み、そしてしだいに歌や詩といった短詩形文学ではおさまりきれぬ水俣病事件の深部を提示して、みごとなその地域一帯の語りもの文学として、四十年以上かけて彼女に近代というものの奇怪な実像を描かせようとしたのである。

その文学への導き手が、草の汁に青々と染められて奥山に還りゆくように死んでいった無名歌人であったということが、いかにも石牟礼さんらしいと思われた。

〈地霊たちに選ばれた寄るべない魂だけが、その至純さのゆえに、天上の声を聴くことができる〉

とは、狂太への石牟礼さんの讃辞であるが、彼が生きていたら、同じ讃辞を石牟礼さんに贈ったことだろう。

言葉というものはどこから生まれてきたのか。言葉にできない声音《こわね》で、この世はみちみちている。詩人とは、ふつうには聴こえない生身の山びこを肉声として聴きとれる人ではなかろうか。文字というのは、そういう山びこをとらえる網の目としてこの世に生まれたのではあるまいか。

石牟礼道子『葭の渚』第四部

と述べる彼女は、地上と天上界をいくらでも往還し、名もなき無文字文化の最基層を生きる不知火海漁民の声、それを圧殺しようとするチッソ、県、国などの有文字文化の頂点を生きる者たちの声さえをも、等しく森羅万象のものとして聴いていこうとする。

谷川雁の「サークル村」に加わり、そこではじめて近代文学というものがいかなるものであるかを経験し、それを通過したところで、最愛の弟の一《はじめ》を鉄道事故で亡くしている。チッソに勤めていた弟は、生前休みの日には、石牟礼さんのそばに肘をついて寝そべり、かならずこう言ったという。

「どら考えよう。考えるちゅうは、いちばんの重労働ぞ」

この言葉が、道子の心をとらえて離さない。

3

「奇病病棟」というものが、水俣には出現していた。一人息子の道生に結核の初期症状が出て、水俣市立病院に入院させたのだけれども、ちょうどそのとき奇病発生が世間の噂となりはじめていて、道生の病棟の隣りに、やがて水俣病と呼ばれるようになる公害患者のための新病棟ができて、それが「奇病病棟」と囁《ささや》かれはじめたのだ。

その建物の屋上を患者たちが行き来する姿を見かけたのが、石牟礼さんが水俣病に関心をもつきっかけとなった。

もうひとつは、猫である。湯堂《ゆどう》や茂道《もどう》の漁師部落では、ネズミが増えて網をかじるので、猫をほしがっており、たくさんの猫を養っていた石牟礼さんの家から、祖父の松太郎が自分の釣り船を漕いで、そちらの漁師部落に猫を届けていた。するとある日、よく家に顔を見せていた一人の市会議員から、こんな話を聞かされる。

「茂道あたりの猫は鼻の先がちょろっぱげとるばい。鼻の先で石垣につき当たったり、逆立ちしてギリギリ舞うたりして、海に跳びこんで片っ端から死による。猫踊り病ちゅうとのはやっとる」

そこで道子は思い切って奇病病棟を訪れ、患者たちに会って驚愕する。このときのもようについては『苦海浄土』に詳しく書かれているが、「とにかく釜鶴松さんの無残な有様を目に焼きつけられた上に、川上タマノさんと知り合って、話を聞くきっかけができた」。

『葭の渚』には、このように水俣病問題に深入りしていく序章のような話が時系列で述べられている。まもなく熊本大学医学部研究班が水俣病の原因として有機水銀説を発表すると、不知火海でとれた海産物がいっせいに売れなくなり、水俣市漁協を中心にはげしい漁民暴動がおこった。二〇〇〇人のデモ隊はチッソ工場に乱入し、すさまじい破壊と戦闘がくりひろげられた。

一部始終をまなこにおさめた石牟礼さんは、この騒動のあとから、水俣病多発地区に足を運ぶようになる。そこではじめて出会ったのが、茂道部落の漁師、杉本進であった。背中に生後まもない孫の肇をおぶっていた。杉本雄・栄子の長男である。

進氏からは海や山で起きる不思議な話を教えてもらいながら、のちに二十八家族がチッソを相手どって裁判を起こしたとき、その中心人物であった進氏は、提訴直後に急死してしまった。

悲しみに暮れる遺族たちもまた、熊本の病院で入退院をくり返してきた患者である。石牟礼さんは栄子さんと親しくなり、進氏が「のさり」という独特の言葉を深い意味をこめて語っていたという話に耳を傾けた。

のさりとは天からの授かりものという意味で、幸運だけでなく不運や不幸も含めてそういう。しかし、進さんがのさりと言うとき、不幸を運命として甘受するという以上に、もっと積極的な意味があった。

奇病患者の家として差別されたときも、栄子さんがたまりかねて、悲しみや怒りを洩らすと、「人を恨むな。人は変えられん。自分の方が変わらんば」と教えられた。水俣病はわたしののさりだという、栄子さんの晩年の強烈な言葉は、そういう父君の日ごろの薫陶から生まれた。

『葭の渚』

と、石牟礼さんはしるす。

「のさり」という言葉との出会い、そして「水俣病もまた天から授かった不運であり、どんなに差別をうけようとも逃げ出さず、のさられた者として自分たちの運命を生きていけ」といった進氏の教えにふれて、天上の声を聴く地霊として、この問題と事件とを自分への「のさり」として引き受けていこうと、ついに決心したのではあるまいか。
それは第四部の「西南の役から近代日本を考える」に書かれたつぎの一節で、明らかにされる。たいへん自覚的な取り組みが、志賀狂太との死別以後、石牟礼さんのなかでおこなわれてきたのだ。

いつの間にか、わたしの中に思想的な意味で大きな地殻変動が起きつつあった。この世を知的にとらえるためには合わせ鏡が必要だ。その鏡とは、この百年を具体的に生きて来た庶民の目でなければならない。自分の村の一人一人のことを考えている内に、目に一丁字《いっていじ》もない人間がこの世をどう見ているか、それが大切であると思えた。権威も肩書きも地位もない、ただの人間が、この世の仕組みの最初の一人であるから。それを百年分くらい知りたい。

これは「暗河」に『西南役伝説』の連載をはじめるにあたって、彼女の心に生まれた大いなるテーマであったが、『苦海浄土』でも縦横に展開されるテーマなのであった。

4

石牟礼さんの容体が急変したのは、三月になってから。なにか心がざわめくので、東京から米満公美子さんに電話をしてみると、摂食拒否、服薬拒否を、石牟礼さんはしているらしい。体は痩せほそるいっぽうで、幻覚、幻聴がひどくなっている。そのため、またリハビリ病院に入院したという。

ただし、いまはカロリーの高いドリンク剤を与えているので、体力はかなり回復し、以前水俣の家が解体されるのを一緒に見に行ったときと同じくらいに、会話はできるようになっているという。

リハビリは午前中に一回、昼食後に一回、そして午後四時から五時のあいだに一回、計三回している、とのことだった。

幻覚、幻聴はどういうものかというと、ひとえに天皇皇后に関するもので、ここではとても書くことが憚られる。

あくる日、私は飛行機で熊本まで行き、渡辺さんの家を訪れた。相当落ち込んでおられた。どうして石牟礼さんがこんなことになってしまったのか、説明をしながら、もうこの件は手を打っておいたから、これからは大丈夫だろう、とおっしゃる。

二人でリハビリ病院を訪れてみると、いつもは車椅子に腰掛けているのに、その日に限って石牟礼さんは、フルフラットにしたベッドの上に横たわっていた。顔からはすっかり生気が失せ、痩せ衰えた顔のなかの小さな両眼は、こちらをじっと見るだけで、私は自分の祖母が死んでいくときの顔を思い出して、寒気がした。

ところが不思議なことに廃臭はなく、どちらかといえば清浄な空気に取り巻かれており、髪をさわると幼い娘みたいにじっとしている。

「ここの先生を信じて、ここの先生の言うとおりに、石牟礼さん、やってくださいね。私は先生と話したんだからね。私は納得しましたよ。だから先生を信じて、ほかの者の言うことなんかは信じないで、ちゃんとご飯を食べて、薬を飲んでくださいよ。そうすれば、かならずよくなって帰れると、先生は言ってくれてるんだからね」

渡辺さんが大きな声で呼びかける。

起こしてほしいと言うので、例のやりかたで体を抱いて上のほうにずらし、ベッドの背を起こしてやると、少しほっとしたように表情をなごませたと見えたけれども、「だれそれは心中なさった」などと口走り、なおもまだ悪夢にとり憑かれていた。

ところが三月下旬、渡辺さんの家を訪ねてみたら、ご機嫌なようすで、

「あなたね、石牟礼さんが三日まえから、ちゃんと話せるようになったんだよ」と、明るい声でおっしゃる。ご飯も食べるようになったし、薬も飲むようになったという。

「もう大丈夫だろう」

その夜は渡辺さんにつれられて、京都から展示会のために熊本に来ている染織家の志村ふくみさんとその娘の志村洋子さんと夕食を囲んだ。

志村ふくみさんは、九月で九十歳になる。自分の脚でしっかり歩き、腰をつかう仕事を長くつづけてきているのに、すらりとしている。『一色一生』というエッセイしかまだ読んでいなかったが、色にこそ樹木の生命が宿り、どんな古木であろうと、それがどこにあっても駆けつけて、なんとかしてこの古木の色をこの世に引き出してやりたいと、気の遠くなるような作業工程を経て色を引き出し、染めてゆくのである。

石牟礼さんは志村さんの文章が好きで、志村さんも石牟礼さんの文章が好き。全集の表紙デザインは、志村さんの作だ。

熊本大学裏手の住宅街にあるイタリアンレストラン「サルーテ」に着いて、白ワインを傾け、アンティパストに手を伸ばしかけたところに、店のマダムから「娘さんからお電話です」と受話器を差し出された渡辺さんは、話し終えると私に向かって、珍

しくあわてたようすで、

「あなた、携帯電話をもってるだろう。石牟礼さんがうちに電話してきて、おれを呼んでるらしいんだ。例の幻覚がまた出てしまったみたいでね、あなた、ちょっと石牟礼さんに電話してくれないか」

と言う。

渡辺さんが耳にあてた電話の向こうから、なにかを訴える石牟礼さんの声が洩れ聞こえてくる。自分を殺しにだれかが来ている、警察を呼んでほしい、と言っている。

「大丈夫です。そんなやつなんか、おりません」

「いいえ、いまそこに立っとっとですよ。立って、私を見とっとですよ」

「大丈夫です、石牟礼さん、あなたのことはちゃんと守ってあるから、心配せんでよかですよ」

「自分の生首がそこの廊下にころころ転がっとるのを想像してみろと、その男が言いよっとです」

「いまね、私はそこに行けんからね、警察にこれから電話しますからね、安心してくださ い」

石牟礼さんの声は、必死の様相をますます帯びてきて、警察を呼んでほしい、と受話器からはみ出してくる。

「いいですか、石牟礼さん、よく聞いてください。私はいま、そっちへは行けないんだ」

と、渡辺さんが店内にとどろきわたる声で言った。

「私の体は、そっちへは行けないけれども、私の魂があなたを守ってやる。私の魂が、そいつらを追い払ってやる。いいですか、石牟礼さん、ですから安心しておやすみなさい」

科学的見識に富み、根拠をきちんと明示して、論理的に、実証的に、正確に、洋の東西を問わず文学から歴史、政治思想まで博覧的に語ってきたこの人が、このような言いかたをしたことに、私は驚いていた。ところが石牟礼さんはこのひとことで落ち着いたらしく、渡辺さんは電話を切って、「ふう」と息を吐いた。

「きょうは石牟礼さんのところに行かれてないんでしょう?」

と、私は言った。

「行ってない」

「毎日会いたいんですよ、先生に。その気持ちが、きっとこんなふうに出てしまうんですよ」

「そんなことじゃないよ」

「いいや、きっとそうです」

「志村さんたちが来られているのを、彼女は知ってるからね、一緒にこうして飯を食ってるんじゃないかと、一人にされて、さびしがってるんだ」

志村さん母娘をホテルに送り、二人して「カリガリ」のカウンターに腰をおろしたら、しきりに、「さっきの電話で、石牟礼さん、安心してくれたかな」と気になさる。どうにもならなければ僕の電話が鳴るはずですよ、と私は慰めたつもりだったが、ほんとうに快方に向かっているのだろうかと怪しくなってきた。

あくる日の午前十時過ぎ、リハビリ病院を訪れてみると、石牟礼さんはベッドに横になった状態で、藤原書店から出たばかりの『花の億土へ』を両手をつっぱって眺めている。

「昨夜はお騒がせしまして、申しわけございませんでした」

こちらを見てそう言うものだから、ああ、ちゃんとわかっているのだなと、ほっとしていると、

「昨夜は志村さんたちと一緒に食事をなさいましたか」

と、尋ねるので、

「はい」

と、こたえてしまった。

ひとり放っておかれたことが、やっぱりさびしかったのだ。寄る辺ない魂とは、かならずしも高級なものであるとは限らない。だれか自分をこの世に引きとめてほしいと、声にならぬ声で静かに叫んでいるのだ。

「男がそこのベッドの先のほうに立っとっとです。そして、合唱団が、おまえを殺す、と歌うんですよ。おまえの生首がそこの廊下にころころ転がっていく光景を想像できるか、と言うもんだけん、ほんとに恐ろしくなって、電話をしてしまいました」

「その後、いかがでしたか。渡辺先生と話して、安心して眠れましたか」

「はい、眠れました」

「大丈夫だったろうかって、ずいぶん心配なさってましたよ」

「これを……」

と、石牟礼さんは、『花の億土へ』を差し出して、なにかを見てほしいようなそぶりなので、頭のほうにまわり込んで、指でしめされたところを見てみると、

「これが許せん、と言うんですよ」

「その男がですか」

「はい」

八十九ページの扉にしるされた章タイトルであった。

「この『毒死列島』というのがですか」

「はい。合唱団が歌うんです、これが許せんと」

美智子皇后に送った手紙に添えられた俳句の初句だ。

「いったい、これのどこが許せんと言うんですか」

「毒死、が許せんと」

「そんな馬鹿な」

5

「もだえ神様」なる言いかたを、石牟礼さんはする。水俣病患者が塗炭の苦しみにあえぐそばで、どうにかしてその苦しみを癒してやりたいと願いつつ、どうにもしてやれずに人びとはもがく。自分にいったい、なにができるのだろうか。なにもしてやれないのがつらい、と言う人に、

「一緒にもだえてやりなさい」

と、石牟礼さんは言うのである。

「心配で、患者さんの家の軒先まで来たのに、中にまではいりきれず、とぼとぼと帰ってしまってもいいんです。またつぎの日もそうすることしかできなくても、それでいいんです。患者さんは、ちゃんと知ってくれとります。あの人は、昨日もうちの軒先まで来て、自分と一緒にもだえてくれとりました、と」

そういう人のことを「もだえ神様」と呼ぶのだった。

水俣病は、数多くの患者の苦しみと悲しみをつくりだしてきたのみではない。助けたいと念願しながらも助けられなくて、泣き叫んで死者たちを見送ってきた人びとの絶望もつくりだしてきたのだ。おそらくこの一句は、「毒死列島」で苦しむ人びとを見て、野辺の花たちもともに身もだえしていると、そうした人びとに思いをはせて詠んだのではなかろうか。

私が吸い飲みを差し出すと、ちょうど喉が渇いていたらしく、唇をもってくる。ひと吸い、ふた吸いしているところへ米満さんがやって来て、三人で話をした。「カリガリ」の松浦豊敏氏のヘルパーをつとめたのが米満さんだったと知って、縁というものの不思議を思った。石牟礼さんの世話をするようになったのは、松浦氏の紹介ではなく、まったくの偶然なのだという。

するとそこへ志村さん母娘があらわれて、室内は急に華やかになった。肌にやさしかろうと、二人は、ガーゼ地の花柄の部屋着をたずさえて来られた。袖を通した石牟礼さんは、私が知るかぎり、今年はじめてあの童女のような笑みを満面にひろげた。

その年の八月に出版された渡辺さんの新刊『無名の人生』の序には、石牟礼さんの「寄る辺なき魂」をめぐって、このように述べられている。

〈石牟礼道子さんの文学の根本には、小さな女の子がひとりぼっちで世界に放り出されて泣きじゃくっているような、そういう姿が原形としてあります。一個の存在が世の中に向かって露出していて、保護してくれるものがない、この世の中に自分の生が露出していて誰も守ってくれないところから来る根源的な寂しさ——それがあの人の文学の中核なのです〉

このように述べるご本人もまた、石牟礼さんの「もだえ神様」なのではあるまいか。

六月はお二人を訪ねられなかった。七月に訪ねることができた。八月の盆明けにまた訪れてみると、渡辺さんは元気でおられた。石牟礼さんはまたリハビリ病院に入院していたが、ベッドに横たわってはおらず、車椅子に腰掛けていた。

この十月で天皇皇后の水俣訪問から一年になるんですね、と言うと、ハッとなにかを思い出したような顔になって、

「このあいだ七月に、山百合忌があったんです。私は皇后さまにお礼を言いに行きたかかったとばってん、行けませんでした。そうしたら東京から連絡があって、出席なさった美智子さまからのメッセージを伝えていただきました。お会いできるのではないかと楽しみにしておりました。お会いできず、残念でした。どうかお体を大事になさってください——とのことでした」

言葉は澱みなく流れ出る。

「私、美智子さまとお友だちになりたかった、文学のお友だちに。私、あの方の文章が、とても好きです」

いま石牟礼さんは、皇后としての美智子ではなく、一個人としての美智子について言っている。とても好きだというその文章を読んでみて、私もまた感じるものがある。

皇后も「もだえ神様」なのではあるまいか、と。天皇もまた、そうなのではあるまいか、と——。

第五章

闘う皇后

1

石牟礼さんの言う皇后の文章とは、『橋をかける　子供時代の読書の思い出』（文春文庫）に収められている。

一九九八（平成十）年九月、インドのニューデリーで国際児童図書評議会第二十六回世界大会がひらかれた。初日の二十一日朝、インドまで足を運ぶことができなかった皇后は、ビデオレターによる基調講演を英語でおこなった。原文は日本語で書かれている。「子供の本を通しての平和――子供時代の読書の思い出」というのが原題で、少女期の読書体験を通じて平和を訴えるというのが目的である。

言葉の選びかたも表現のしかたも、たいへんわかりやすく、豊かで、みずみずしい。読む側に余計な負荷を与えず、予断も与えない。どこまでも伸びやかでありながら、しかし竹のしなりのような粘りづよい意志と祈りの力が感じられる。とりわけ終

わり近くの一節——、

そして最後にもう一つ、本への感謝をこめてつけ加えます。読書は、人生の全てが、決して単純でないことを教えてくれました。私たちは、複雑さに耐えて生きていかなければならないということ。人と人との関係においても。国と国との関係においても。

には、その心の根に、あるはげしい渇望やはかり知れない悲しみが宿っていることが感じとれる。

政治的見解を語ってはならぬ人が、このような明確な目的をもって世界の場で講演をおこなうのははじめてのことであったし、その後このような講演はおこなわれていない。

以下、長大な講演録のなかから引いてみたい。彼女の少女期は戦時下と重なる。その読書体験が日本の神話伝説からはじまっており、なかでも「忘れられない話」として、ヤマトタケルの流離譚《りゆうりたん》から語り出されていることに注目したい。

*

私が小学校に入る頃に戦争が始まりました。昭和十六年（一九四一年）のことです。四学年に進級する頃には戦況が悪くなり、生徒達はそれぞれに縁故を求め、又は学校集団として、田舎に疎開していきました。私の家では父と兄が東京に残り、私は妹と弟と共に、母につれられて海辺に、山に、住居を移し、三度目の疎開先で終戦を迎えました。

度重なる移居と転校は子供には負担であり、異なる風土、習慣、方言の中での生活には、戸惑いを覚えることも少なくありませんでしたが、田舎での生活は、時に病気がちだった私をすっかり健康にし、私は蚕を飼ったり、草刈りをしたり、時にはゲンノショーコとカラマツ草を、それぞれ干して四キロずつ供出するという、宿題のノルマにも挑戦しました。八キロの干草は手では持ちきれず、母が背中に負わせてくれ、学校まで運びました。牛乳が手に入らなくなり、母は幼い弟のために山羊を飼い、その世話と乳しぼりを私にまかせてくれました。

教科書以外にほとんど読む本のなかったこの時代に、たまに父が東京から持ってきてくれる本は、どんなに嬉しかったか。冊数が少ないので、惜しみ惜しみ読みまし

た。そのような中の一冊に、今、題を覚えていないのですが、子供のために書かれた日本の神話伝説の本がありました。（中略）

父がどのような気持ちからその本を選んだのか、寡黙な父から、その時も、その後も聞いたことはありません。しかしこれは、今考えると、本当によい贈り物であったと思います。なぜなら、それから間もなく戦争が終わり、米軍の占領下に置かれた日本では、教育の方針が大幅に変わり、その後は歴史教育の中から、神話や伝説は全く削除されてしまったからです。

私は、自分が子供であったためか、民族の子供時代のようなこの太古の物語を、大変面白く読みました。今思うのですが、一国の神話や伝説は、正確な史実ではないかもしれませんが、不思議とその民族を象徴します。これに民話の世界を加えると、それぞれの国や地域の人々が、どのような自然観や生死観を持っていたか、何を尊び、何を恐れたか、どのような想像力を持っていたか等が、うっすらとですが感じられます。

父がくれた神話伝説の本は、私に、個々の家族以外にも、民族の共通の祖先があることを教えたという意味で、私に一つの根っこのようなものを与えてくれました。本というものは、時に子供に安定の根を与え、時にどこにでも飛んでいける翼を与えてくれるもののようです。もっとも、この時の根っこは、かすかに自分の帰属を知ったという程のもので、それ以後、これが自己確立という大きな根に少しずつ育っていく上の、ほんの第一段階に過ぎないものではあったのですが。(中略)

父のくれた古代の物語の中で、一つ忘れられない話がありました。

年代の確定出来ない、六世紀以前の一人の皇子の物語です。倭建御子《やまとたけるのみこ》と呼ばれるこの皇子は、父天皇の命を受け、遠隔の反乱の地に赴いては、これを平定して凱旋するのですが、あたかもその皇子の力を恐れているかのように、天皇は新たな任務を命じ、皇子に平穏な休息を与えません。悲しい心を抱き、皇子は結局はこれが最後となる遠征に出かけます。途中、海が荒れ、皇子の船は航路を閉ざされます。この時、付き添っていた后《きさき》、弟橘比売命《おとたちばなひめのみこと》は、自分が海に入り海神のいかりを鎮めるので、皇子はその使命を遂行し覆奏してほしい、と云い入水し、皇子の船を目的地に向かわせます。この時、弟橘《おとたちばな》は、美しい別れの歌を歌います。

　さねさし相武《さがむ》の小野《をの》に燃ゆる火の火中《ほなか》に立ちて問ひし君はも

このしばらく前、建《たける》と弟橘とは、広い枯れ野を通っていた時に、敵の謀《はかりごと》に会《ママ》って草に火を放たれ、燃える火に追われて逃げまどい、九死に一生を得たのでした。弟橘の歌は、「あの時、燃えさかる火の中で、私の安否を気遣って下さった君よ」という、危急の折に皇子の示した、優しい庇護の気遣いに対する感謝の気持ちを歌ったものです。

悲しい「いけにえ」の物語は、それまでも幾つかは知っていました。しかし、この物語の犠牲は、少し違っていました。弟橘の言動には、何と表現したらよいか、建と任務を分かち合うような、どこか意志的なものが感じられ、弟橘の歌は――私は今、それが子供向けに現代語に直されていたのか、原文のまま解説が付されていたのか思い出すことが出来ないのですが――あまりにも美しいものに思われました。「いけにえ」という酷《むご》い運命を、進んで自らに受け入れながら、恐らくはこれまでの人生で、最も愛と感謝に満たされた瞬間の思い出を歌っていることに、感銘という以上に、強い衝撃を受けました。はっきりとした言葉にならないまでも、愛と犠牲という二つのものが、私の中で最も近いものとして、むしろ一つのものとして感じられた、不思議な経験であったと思います。

この物語は、その美しさの故に私を深くひきつけましたが、同時に、説明のつかない不安感で威圧するものでもありました。

古代ではない現代に、海を静めるためや、洪水を防ぐために、一人の人間の生命が求められるとは、まず考えられないことです。ですから、人身御供《ひとみごくう》というそのことを、私が恐れるはずはありません。しかし、弟橘の物語には、何かもっと現代にも通じる象徴性があるように感じられ、そのことが私を息苦しくさせていました。今思うと、それは愛というものが、時として過酷な形をとるものなのかも知れないという、やはり先に述べた愛と犠牲の不可分性への、恐れであり、畏怖《いふ》であったように思います。

まだ、子供であったため、その頃は、全てをぼんやりと感じただけなのですが、こうしたよく分からない息苦しさが、物語の中の水に沈むというイメージと共に押し寄せて来て、しばらくの間、私はこの物語にずい分悩まされたのを覚えています。

＊

ここに語られているのは、まぎれもなくひとりの少女の「世界」との遭遇物語である。戦争に翻弄され、少女は疎開をくり返す。神奈川県湘南の国民学校から群馬県館林《たてばやし》――ここは皇后が生まれ育った正田家の故郷であり、祖父が興した館林製粉（のちの日清製粉）発祥の地である――に移ったのは東京大空襲の年（昭和二十年）の三月。

それからまもなく軽井沢に移り、終戦を迎えた。

彼女をとりまく世界はとても不安定で、山羊の乳しぼりをし、八キロの干草を背負って登校する日々を送りながら、日本の神話伝説を集めた本を読み、なかでもヤマトタケルとその后オトタチバナとの美しくも峻厳な「愛と犠牲」の物語に「息苦しさ」をおぼえ、「ずい分悩まされた」という。それは「愛と犠牲という二つのものが、私の中で最も近いものとして、むしろ一つのものとして感じられた」からであり、これを発見してしまってからは、愛する人のために、そしてその人と「任務を分かち合う」ために「水に沈む」ことがはたして自分には可能なのかと、親の庇護のもとで暮らす十歳の少女は「畏怖」の念を懐く。

ここにはやはり戦争という、いままさに経験している世界動乱が背景にあるものと思われる。また、正田家がカトリックを信仰する家であったことが、「愛と犠牲」「任務」といった言葉にあらわれている。

この少女がやがて皇后となる運命にあることを、われわれは知っている。むろん皇后自身も、いまでは自分がその立場にあることを自覚したうえで、「愛と犠牲」「任務」といった言葉を選びつつ、このように物語っているのだろうが、ではそれゆえに古代天皇家の物語を第一に挙げているると考えるべきだろうか。

あらゆる出版物が当局の検閲をうけ、英語は敵性語として使用禁止にされていた。とぼしくなってしまった紙も配給制であった戦時下では、子どもらに読ませてやれる本は限られていた。ようやく父親はそのなかから神話伝説の本を選んで娘に届けたわけだから、彼女には選択の余地などなかった。奇遇なことに、少女の心を揺り動かしたのがこのような「愛と犠牲」の物語であったということが、のちの運命を暗示しているようで興味深い。

それにしても、政治的発言を禁じられている者、極論すれば、だれかが目のまえで理不尽な殺されかたをしても、彼や彼女を殺した相手や組織にたいして断罪もできず、殺された者の霊にたいしてばかりでなく、殺した者たちの所業にたいしても「悲しみ」以外に語ってはならぬ人が、平和を語るこの講演でははっきりと「愛と犠牲」「任務」といったつよい言葉を使って、主体的で積極的な平和創造、徹底した非戦の思想を述べているところに、皇后のなかに世界情勢にたいするのっぴきならない危機感があらわれていると見るべきだろう。

当然、ヤマトタケルは現天皇、オトタチバナは自分という構図が浮かんでくるわけで、少女のころに「息苦しさ」をおぼえた崇高な「愛」と「任務」のための「犠牲」の物語を、いまの自分に重ねあわせているのではないか、と読むのが自然ではなかろうか。

とすれば、ここまでの文章の流れを見るかぎり、少女期の読書によって体験したもの、経験化された思考が、やがて后となる自己の運命を暗示し、后となることへの心構えの揺籃《ようらん》となったのではなかろうかと受けとめることもできる。

2

講演はつづく。

これ以後語られるのは、神話伝説ではなく、東西の詩人や作家たちのいくつかの作品について。それらは名もなき民草の日常からこぼれ落ちてくる生活の貧しさややさしさ、また、人びとのなかに確実に認められる戦争の悲しみやかすかな抵抗の感情などが描かれたもので、そこに少女は一筋縄ではいかぬ人間と世界の「複雑な」関係性を感じとり、想像力の翼を自由にひろげていくのであるが、その翼はどちらかというと涙で濡れたものになる。

疎開中に父親がもって来てくれた本のなかで、ほかに三冊、思い出に残っているものがあった。それは「日本少国民文庫」というシリーズに収められた『日本名作選』

一冊と『世界名作選』二冊だったと彼女は述べている。

とくに後者に収められたオスカー・ワイルド「幸福の王子」、カレル・チャペック「郵便配達の話」、トルストイ「人は何によって生きるか」ほか、マーク・トウェイン、ロマン・ロラン、カルル・ブッセ、ウィリアム・ブレイク、タゴールといった小説家や詩人たちの作品から喜びを得たような話が述べられているが、しかしその作品の内容までをしっかり述べて、幼い主人公の少年の心に深く住み着いてしまった人生の悲哀について言及しているのが、ドイツの詩人・作家であったエーリッヒ・ケストナーの「絶望」という詩であり、ロシアの作家ソログーブの「身体検査」という物語である。

どうしてこのように少女は「悲しみ」に感応するのだろうか。講演を追ってみよう。

*

ケストナーの「絶望」は、非常にかなしい詩でした。小さな男の子が、汗ばんだ手に一マルクを握って、パンとベーコンを買いに小走りに走っています。ふと気づくと、手のなかのお金がありません。街のショー・ウィンドーの灯はだんだんと消え、方々の店の戸が締まり始めます。少年の両親は、一日の仕事の疲れの中で、子供の帰りを待っています。その子が家の前まで来て、壁に顔を向け、じっと立っているのを知らずに。心配になった母親が捜しに出て、子供を見つけます。いったいどこにいたの、と尋ねられ、子供は激しく泣き出します。「彼の苦しみは、母の愛より大きかった／二人はしょんぼりと家に入っていった」という言葉で終っています。

この「世界名作選」には、この「絶望」の他にも、ロシアのソログーブという作家の「身体検査」という悲しい物語が入っています。貧しい家の子供が、学校で盗みの疑いをかけられ、ポケットや靴下、服の中まで調べられている最中に、別の所から盗難品が出てきて疑いが晴れるという物語で、この日帰宅した子供から一部始終をきいた母親が、「何もいえないんだからね。大きくなったら、こんなことどころじゃない。この世にはいろんな事があるからね」と歎く言葉がつけ加えられています。

思い出すと、戦争中にはとかく人々の志気を高めようと、勇ましい話が多かったように思うのですが、そうした中でこの文庫の編集者が、「絶望」やこの「身体検査」のような話を、何故ここに選んで載せたのか興味深いことです。（中略）

私がこの本を読んだ頃、日本は既に英語を敵国語とし、その教育を禁止していました。戦場におもむく学徒の携帯する本にも、さまざまな制約があったと後に聞きまし

た。子供の私自身、英米は敵だとはっきりと思っておりました。（中略）
　世界情勢の不安定であった一九三〇年代、四〇年代に、子供達のために、広く世界の文学を読ませたいと願った編集者があったことは、当時これらの本を手にすることの出来た日本の子供達にとり、幸いなことでした。この本を作った人々は、子供達が、まず美しいものにふれ、又、人間の悲しみ喜びに深く触れつつ、さまざまに物を思って過ごしてほしいと願ってくれたのでしょう。（中略）
　当時私はまだ幼く、こうした編集者の願いを、どれだけ十分に受けとめていたかは分かりません。しかし、少なくとも、国が戦っていたあの暗い日々のさ中に、これらの本は国境による区別なく、人々の生きる姿そのものを私にかいま見させ、自分とは異なる環境下にある人々に対する想像を引き起こしてくれました。（中略）
　自分とは比較にならぬ多くの苦しみ、悲しみを経ている子供達の存在を思いますと、私は、自分の恵まれ、保護されていた子供時代に、なお悲しみはあったと言うことを控えるべきかもしれません。しかしどのような生にも悲しみはあり、一人一人の子供の涙には、それなりの重さがあります。私が、自分の小さな悲しみの中で、本の中に喜びを見出せたことは恩恵でした。本の中で人生の悲しみを知ることは、自分の人生に幾ばくかの厚みを加え、他者への思いを深めますが、本の中で、過去現在の作家の創作の源となった喜びに触れることは、読む者に生きる喜びを与え、失意の時に生きようとする希望を取り戻させ、再び飛翔する翼をととのえさせます。悲しみの多いこの世を子供が生き続けるためには、悲しみに耐える心が養われると共に、喜びを敏感に感じとる心、又、喜びに向かって伸びようとする心が養われることが大切だと思います。

そして最後にもう一つ、本への感謝をこめてつけ加えます。読書は、人生の全てが、決して単純でないことを教えてくれました。私たちは、複雑さに耐えて生きていかなければならないということ。人と人との関係においても。国と国との関係においても。（中略）

子供達が、自分の中に、しっかりとした根を持つために
子供達が、喜びと想像の強い翼を持つために
子供達が、痛みを伴う愛を知るために
そして、子供達が人生の複雑さに耐え、それぞれに与えられた人生を受け入れて生き、やがて一人一人、私共全てのふるさとであるこの地球で、平和の道具となっていくために。

こうして講演は締めくくられる。

*

自分と同じ年ごろの異国の貧しい家庭の少年たちの心に身をすり寄せて悲しんだりよろこんだりする少女は、物語の奥にひそむ「人生の複雑さ」を感知し、彼らの境遇とは比較にならぬほど「恵まれ、保護されていた（自分の）子供時代に、なお悲しみはあったと言うことを控えるべきかもしれ」ないなどと慎み深く考えながらも、「それぞれに与えられた人生を受け入れて」、人生の複雑さに耐えて生きていかねばならない、と自分に言い聞かせるようになっていく。

しかし当時は、このような心の動きを自由に作文に綴り、学校に提出できる時代ではなかった。「子供の私自身、英米は敵だとはっきりと思って」いたし、にもかかわらず「これらの本は国境による区別なく、人々の生きる姿そのものを私にかいま見させ、自分とは異なる環境下にある人々に対する想像を引き起こしてくれ」たのであって、当時の国定教科書ではけっして教えてくれぬ異国の詩や小説を通じて、世界にひらかれた心は、それゆえになおさら孤独の陰影を深めていったのではなかろうか。

もしかしたら、疎開生活をともにする何人かの同窓生にはこれらの本を貸したりして、こっそり感想を語り合ったのかもしれぬ。

二〇〇八年四月、皇后は天皇とともに館林を行幸啓している。そのとき、当時の同窓生ら約二十名と市役所内で懇親会をひらいている。行幸啓の目的は自動車部品工場で働く日系ブラジル人たちとの懇談であったから、同窓生との日程を公にしてしまうと彼らへの表敬訪問の意義が薄まってしまうとの配慮から、日程にはしるされなかった。水俣で胎児性患者と会ったのと同様に、秘密にされたのだ。疎開生活で苦楽をともにした人びととの再会を皇后が欲したのは、疎開生活から別れたあとも激動の戦後の「複雑さ」に耐えて生き抜いてきた人たちとの交歓に、わずかな時間でも身を沈めたかったのだろう。

講演で語られたケストナーには、『飛ぶ教室』という少年小説の名品がある。その冒頭部「まえがき　その2」に、ある著者から贈られた「子どもの本」を読みはじめたところ、「すっかり腹がたって」「すぐに放りだした」というくだりがある。その理由を述べるくだりを読んでみて、きっと皇后も後年この小説を読み、共感したのではあるまいかと思った。

ケストナーは言う。この本を贈ってくれた著者は「子どもはいつも陽気で、どうしていいかわからないくらい幸せなのだ」と考えており、それを「自分の読者である子どもたちに、ほんとうに信じこませようとしていたから」腹がたったのだ、と。そして、このようにしるす。

〈どうして大人は自分の若いときのことをすっかり忘れてしまうのだろうか。子どもだって悲しくて不幸になることがあるのに、大人になると、さっぱり忘れてしまっている。（この機会に心からお願いしたい。子ども時代をけっして忘れないでもらいたい。どうか約束してもらいたい）

人形が壊れたからでも、あとで友だちを失ったからでも、泣く理由はどうでもいい。人生で大切なのは、なにが悲しいかではなく、どれくらい悲しいか、だけなのだ。子どもの涙が大人の涙より小さいなんてことは絶対にない。ずっと重いことだってよくある。どうか誤解しないでもらいたい〉（以上、丘沢静也訳。光文社古典新訳文庫）

これは講演録の「一人一人の子供の涙には、それなりの重さがあります」に照応する。

『飛ぶ教室』はナチスが政権をとった一九三三年に出版されている。ケストナーは反ナチと見做《みな》され、同書は発禁処分、焚書された。その翌年、彼はゲシュタポにはじめて逮捕され、以後、もっぱら出版は一九四五年までチューリヒでおこなわれるが、三年後にはふたたび逮捕、執筆禁止を命じられる。著作物がすべて焼かれたとき、大胆にも彼はそれを見に行った。しかしその後偽名で映画の脚本などを書いて、けっして筆を折るようなことはしなかった。実父はユダヤ人と伝えられる。

　このようなケストナーの経歴についても、のちに少女の知るところとなったはずである。


　一九九三年十月、五十九歳の誕生日に皇后は赤坂御所で倒れた。意識はすぐにもどったが、声を失った。皇室の「女帝」と擬され、ジャーナリズムからはげしいバッシングをうけたことに、精神的ストレスをつのらせていたのだ。

　昭和天皇崩御から五年目にあたるこの年の六月には、皇太子と小和田雅子の結婚の儀が執りおこなわれている。先帝への思慕と雅子フィーバーがこうじた結果、ジャーナリズムが皇室批判の矛先を向けたのが皇后であった。いま講演録を読みながら、ひとりの大企業の社長令嬢が大人の女性となり、思いがけなくも皇室に嫁ぎ、内外ふくめてさまざまな声を一身に浴びつつ、ここに来て声を失い国民のまえから消えるという事態に至ったことが、ある神秘性を彼女に帯びさせるとともに、真の皇后に生まれ変わっていく神話的プロセスを思い描かせて興味が尽きない。

四ヵ月後に声をとりもどした皇后は、それから十一ヵ月後におきた阪神・淡路大震災の大惨事に際して、国民のまえに姿をあらわす。被災地へ慰問の旅に出、体育館の床にひざまずき、被災者と同じ目線で人びとを励ましたのだ。ひとりの女性としての苦しみを放り出して、人びとの悲しみに寄り添おうとするこのときの姿をさかいに、ごく限られた種類の読書を通じて世界に心を震わせたかつての疎開少女は「国母」へと変身をとげていった。

〈いいかな、元気をだせ。打たれ強くなれ〉

と、ケストナーは『飛ぶ教室』で言う。

〈最初がちゃんとできれば、半分は勝ったようなもの。パンチを食らっても余裕があれば、大切な、あのふたつのことが証明できる。勇気と賢さだ。これから言うことをよく覚えておいてもらいたい。賢さのない勇気は、乱暴にすぎない。勇気のない賢さは、冗談にすぎない〉（前掲書）

この一節に、皇后は奮いたったのではあるまいか。

3

それにしても、講演の最終部で語られた「平和の道具となっていくために」というつよい言葉は、皇后の信念や使命感がカトリック信仰に基づくものであることをあからさまにしている。皇室は神道に基づいて神事を執りおこなうはずの存在であるが、もとより神道は宗教ではないし、教義もない。したがって人に向かってこうせよというミッションを強いるものでもない。いっぽうカトリックは、強烈なミッションを信仰する人びとに与え、人を一神教の神とのあいだで結ばれた契約に縛りつける。「平和の道具」という言葉は、有名なアッシジの聖フランシスコの「平和を求める祈り」に出てくる言葉だ。皇后はこの祈りを自分の祈りとして、また、あまねく世界中の人びとの心もそのようにあってほしいとの深い願望をこめて、のっぴきならぬ自己の信念を伝えているのだった。

神よ、わたしをあなたの平和の道具にしてください
憎しみのあるところに、愛を
いさかいのあるところに、ゆるしを
分裂のあるところに、一致を
迷いのあるところに、信仰を

誤りのあるところに、真理を
絶望のあるところに、希望を
悲しみのあるところに、喜びを
闇のあるところに、光をもたらすことができますように

神よ、わたしに
慰められるよりも、慰めることを
理解されることよりも、理解することを
愛されるよりも、愛することを
望ませてください

自分を捨てて初めて自分を見いだし
ゆるしてこそゆるされ
死ぬことによってのみ、永遠のいのちによみがえることを
深く悟らせてください

「アッシジの祈り」カトリック伏見教会による

この神はキリスト教の神であって、日本の皇室が向かうべきはずのアマテラスでもなければ、歴代天皇の皇霊でもない。

原武史の画期的論考『皇后考』（講談社）を読むと、明治のころに大急ぎでつくられた近代天皇制において、国家神道などという壮大なお題目を標榜しながら、政府は「神道は宗教ではない」とし、単なる祭祀とした。人びとを統治するために無理やりつくりだしたフィクションの中心に押し込められた天皇と皇室は、ではいったいなにを心の根幹に置いて国家に君臨すればよかったのだろうか。

宮中にさまざまな宗教が皇后を経由して流れ込んでいた事実を、原武史は本書のなかで明らかにしている。明治の皇后美子《はるこ》（昭憲皇太后）と大正の貞明皇后は幼いころから日蓮宗に帰依しており、それを宮中に持ち込んでいる。かと思うと、昭和の皇后良子《ながこ》（香淳皇后）は戦争中から聖書の講義を宮中で受けている。東京が焼夷弾攻撃によって火の海になっているさなか、皇居では聖書の講義がおこなわれていたのである。

では、どうしてこれほどまでに宮中に宗教が流入したのかというと、「神道は宗教ではない」とされたことが大きく影響しているのではないか、と原はみる。なんによって心の安寧を得られるのか、それが本物の宗教にすがりついた理由だったのではないか、と。

『昭和天皇実録』によれば、昭和天皇は敗戦に限りなく近い一九四五年七月三十日と八月二日の両日、それぞれ勅使を九州の宇佐神宮と香椎宮《かしいぐう》に派遣し、戦勝を祈願させている。なぜ伊勢神宮でなくこの二社に、と不思議に思えるところであるが——すでに沖縄は二十万人もの死者を出して米軍の手に落ち、東京をはじめとする全国の都市は空襲によって焼け野原になっている。七月二十六日にはポツダム宣言が発表されたばかりというタイミングであった——、本土決戦を心に決したとしか考えられぬこのような行動になぜ天皇は出たのだろうか。終戦工作に心を砕いてきたと伝えられるあの天皇が、だ。『実録』中の最大の謎のひとつである。

両社の祭神である神功皇后《じんぐう》は、仲哀天皇《ちゅうあい》の后である。のちの応神天皇を妊娠した体で三韓征伐に赴き、朝鮮半島の広い領域を服属下に置いていった。古事記、日本書紀にも書かれたこの戦勝譚を踏まえた派遣だったと考えるのが順当であろうが、だとすれば、むしろ昭和天皇を動かして戦勝祈願に走らせたのは皇后良子だったのではないか、と原はみている。神功皇后の霊威を受け継ぐのが皇后良子だからである。

しかし、はたして勅使派遣は、ほんとうに戦勝祈願のためだったのだろうか。

同年四月には、昭和天皇の信任厚い鈴木貫太郎海軍大将が首相に就任している。五月七日には、ドイツが連合国にたいして無条件降伏している。鈴木貫太郎は終戦工作を唯一の任務と心得、「聖断」を天皇に下してもらおうと心に秘めていた。六月二十二日にひらかれた最高戦争指導会議であるところの御前会議にのぞんだ昭和天皇は、その席上、ただちに戦争終結工作に着手すべきだとの意思表示をおこなっている。

こうした流れを考えてみると、戦勝祈願のためであったとは考えられない。むしろ天皇は、終戦の聖断を下す決意を揺るぎないものとするために神託を得ようとしたのではあるまいか。

いずれにせよ、大空襲のさなかに聖書の講義を受けていた皇后良子が、国難のどん詰まりに来て求めたのが神功皇后の霊威であったということは、平時のさいの心の修養と覚悟においてはキリスト教にその核心を求め、国の存亡のときには皇霊にすがろうとしたわけだ。

では皇后美智子の場合も、同じことが言えるのか。すなわち、「平和の道具」でありたいと祈りあげるときの神とは、やはり自分たちの皇霊ということになるのだろうか。

祈りとは普遍のものだ。現皇室のもっぱらの仕事は宮中祭祀であり、それは皇霊を神としてその声に真実の道を尋ね、祈りを万民の平安に向かって下ろすためにある。「アッシジの祈り」からの引用は、間違いなくカトリック信仰が根幹にあることを意味するけれども、しかし講演で皇后は「神」という言葉を発しているわけではない。世界中から集まった人びとをまえに「平和の道具」と語ったのみであり、むしろ皇后のこの言葉は流動はげしい世界へ向かっての平和アピールといった、きわめて政治的なメッセージと読むほうが腑に落ちる。戦闘的でさえあると思う。一個の魂が地球規模の危機的状況にたいして震え、わななき、叫んでいるのである。

たとえカトリック信仰を問題視されようとも、なりふりかまってなどいられない。声を失ったときと同程度かそれ以上の、まれに見る激情の発露であったという点で、水俣における天皇の発言とも通底している。

4

その後お変わりなくお過ごしのことと存じます。

今年に入って私の病状が急変し、皆様にご心配をおかけしましたが、幸いその後託麻台リハビリテーション病院の適切な治療のおかげで、以前の状態まで改善することができました。

入院中、お見舞いやお花をいただいたことに心よりお礼申し上げます。五月二四日退院し、先の老人ホームに入居しました。ここが私の最後のすみ家となることでありましょう。今後も、これまでと同様あたたかき友情を賜りたく、あわせて皆様のご健康をお祈り申し上げます。

二〇一四年五月二六日

石牟礼道子

（住所・施設名・電話・ＦＡＸ番号）

熊本の市街地からだいぶ離れた東区の一角、秋津というところに介護付き有料老人ホームがある。石牟礼さんの痩せ細った体は、ようやくそこに落ち着いた。

挨拶状の文面は、印刷されたものであるが、原文は渡辺京二さんが石牟礼さんと相談して書いたものと思われる。

玄関をはいるとほぼ正面に見える階段をのぼり、廊下をジグザグに歩いて行ったいちばん端の、北向きに窓のある個室だ。渡辺さんが整理整頓した部屋を、私もようやく落ち着いて眺めてみる気分になった。

棚の上に、小さな仏壇がある。ハッとしたのは、そこに小さく額装された一人の老婆の、なんとも言えない穏やかな寝顔写真が掲げられていたからだ。

「お母さまですか？」

「はい。母のはるのです」

「眠っているように見えますが、これは亡くなったときの顔——デスマスクとは違いますか」

「はい。はるのが息を引きとったときに、金刺順平さんという方に撮ってもらいました。紅ば引いてやったら、あんまり可愛らしかったもので」

右の箪笥の上には、陸軍の帽子と制服を纏《まと》った若者の肖像画が置かれている。深い悲しみをたたえた両眼が、まっすぐにこちらを見ている。

「兄の白石正晴です」

と、石牟礼さんが言う。

白石というのは、父亀太郎のかつての姓で、亀太郎は前妻とのあいだに正晴をもうけた。はるのと再婚し、石牟礼家に婿養子としてはいった亀太郎は、道子以下五人の子をなした。やがて正晴は石牟礼家に引きとられ、道子は二年ばかり同じ屋根の下で暮らした。

「神様のような子」

と、はるのは正晴を評し、大切に育てたという。

「昭和二十年、正晴は沖縄で戦死しました。写真が一枚もなかったもんだけん、出征する正晴の顔ば思い出しながら描いてみたんです。遺影のなからんば、さびしかでしょう。長いこと白石家に掛かっとりました」

「石牟礼さんが描いたんですね」

「はい」

写真も肖像画も、どこか生々しくて、いまもまだ二人とともに生きている石牟礼さんの心が、私には痛かった。

隣りの部屋からすっかり呆《ぼ》けた老婆の、「お願いいたします」という声が、間を置かずくり返し廊下に響いている。

「お願いいたします、がはじまりました」

と、石牟礼さんはお茶をすすっている手を止めて、入口のほうも見ずに言う。

「どなた様にか、なにかのお願いをなさっとるんでしょう。ばってん、なにをお願いなさっとるのか、ご自分でもわかっとらっさんごたる」

車椅子にロックを掛けるのをよく忘れる。それで車椅子からずり落ちて、腰を打ったりする。今朝方は頭を打ってしまったという。たいてい午後の三時過ぎから四時ごろにかけて、毎日のように発作が出る。パーキンソン病特有の症状だそうで、息が苦しくなり、動けなくなるのだ。ベッドに横たわる顔は、上下の目蓋がぷっくりふくれている。酸素吸入までは必要ない。薄く息をし、ほんの少しではあるが話すこともできる。

吸い飲みをもっていくと、唇を小さくすぼめ、二、三口ばかり水を飲み込んで、人心地ついたような顔になる。

「苦しいですか」

「はい、苦しかです」

一時間かそこらじっと横になっていると、やがて発作はおさまり、ベッドから出て車椅子に坐ろうとする。

こんな状態でも彼女は、相変わらず毎日が忙しい。インタビューや対談にこたえ、毎月一回新聞に連載エッセイを書いている。スケジュールを管理しているのは、渡辺京二氏である。

私はもうこの二人に、取材者としてはなにも尋ねなくなった。ほぼ毎月のように熊本に来て、石牟礼さんのところへは正午前後は避けるようにしていたが、たまにそのころに行っては、お昼を一緒に食べるようになった。施設で出されるシャケの切り身と味噌汁とご飯と漬物の簡単な食事を、彼女は全部食べきれない。味噌汁やおすましの類は口にしないので、それをひと椀と、ご飯の残り半分をもらって口に運ぶ。

料理をしてはならないことになっている。でも、そんなことなんておかまいなしに炊飯器をもち込み、炊き込みご飯をつくって、食べさせてくれる。冷蔵庫のなかから惣菜をとり出して、原稿用紙やペンや本でいっぱいになっているダイニングテーブルの上を片付けて、小さく並べる。食べながら若いころの死への誘惑について語りはじめるのだった。

このあいだ段ボール箱のなかから、彼女宛てのさまざまな人からの手紙が発見された。吉本隆明からの手紙には、彼女から送られたジャガイモをどのように料理して食べたかという詳細なレシピがしるされており、それを読んだ渡辺さんは、「いかにも吉本さんらしいな」と、笑った。

かく言う渡辺さん本人の手紙も石牟礼さんは大切にしまっており、その冒頭部分を渡辺さんは諳《そら》んじてみせたが、これはもう恋文――「あなたと一緒に破滅する覚悟はできている」といった、かなり不正確な記憶ではあるが、そのような内容であった――としかうけとめられず、別の席で渡辺さんに、これは水俣病闘争にのぞむことを決意したときの手紙なんですかと尋ねても、ご本人は黙ってこたえない。

それで炊き込みご飯を口に運びながら、あの手紙はそうではないかと石牟礼さんに尋ねてみると、そうです、と彼女はこたえ、

「あれは私の宝物です」

と、言い添えるのだった。

なぜあの先生が石牟礼さんの呼びかけに最初はまったく無反応だったのに、突然急転換して、影のオルガナイザーになったのか、そこらの事情が自分にはどうしてもわからなかったのだが、その手紙を読めばわかるのですね、と訊くと、石牟礼さんは直接それにはこたえず、

「わからんでしょうね」

と、箸を休めてこちらを見る。

こういうときの目が怖い。ぴたりと風が止まり、海は波打ち際まで凪《な》ぎを打って、その海の底から現れ出てきたような怜悧な目が、まっすぐにこちらを見ている。

「それはそれは見事でした。最後まで水俣病患者の方々は渡辺さんの存在に気がついておられませんでした。自分が表に出ることは、けっしてしなさらんとです。裏にずっとおられて、指揮をとられました。やめどきが来たら、すぱっとおやめになりまし

た。それからいっさい水俣病問題には触れようともなさいません。なにかに書いたり、発言したり、いっさいやんなさらんでした」

下着のゴム紐が緩んでいるからと、ヘアピンに新しいゴム紐をとりつけて、ウェスト部分の穴に通しはじめる。パーキンソン病の薬の作用が出て、左右に頭を揺らしながらの作業なので、なかなかうまくいかない。

「できました」

と、声は穏やかだったが、両手でひろげてみると、だらりと落ちて、ヘアピンからゴム紐が外れてしまっている。どうしてこうなったのかと、不思議そうに首をひねる。

不器用を顧みず、四苦八苦しながら私が通してみせると、

「まあ、高山さんにしてもろた」

と、よろこんでくれる。

このように、私は取材者というよりは、親戚かなにかのようになってしまっているのである。

二〇一五年三月十一日、石牟礼さんは八十八歳になった。体調が思わしくなくて、

米寿のお祝い会はひらかれなかった。自分が生まれた日が、東日本大震災と同じ日であるという因縁にしばらくは深く思いをめぐらせていたようすで、このとき私が訪れたのは、リハビリ病院の一室だった。例の発作が出ている最中で、彼女はベッドにものも言えず横たわっていた。

あくる日の正午過ぎ、ふたたび訪れてみると、玄関で渡辺さんと娘の梨佐さんにばったり出くわして、そろって三階の部屋へ行った。石牟礼さんは、車椅子で部屋から出て行こうとするところだった。顔には生気がもどっていた。

「どこかに行こうとしとったの？」

と、渡辺さんが訊く。

「はい。廊下を車椅子で行ってみようかと思いまして」

「運動しようと思ったんですね」

「はい」

「じゃあ、ゆっくり行って来てください。われわれはここで待ってますから」

「いいえ、もうけっこうです。一緒にお話がしたかです」

渡辺さんも八月一日で八十五歳になる。最近、ぎっくり腰になって、むかしよりも治りが遅いと、ぼやきが増えている。

同氏の現代天皇制をめぐる考察は、きわめてドライなものである。

「私は戦後の天皇制なるものに何の関心ももっていない。あんなものはそもそも問題にするに値いせぬと思っている」というわけで、この一節が書かれた一九七八年の「戦後天皇制は可能か」(「伝統と現代」初出、『日本コミューン主義の系譜』所収)という論考ではさらに、「現天皇(昭和天皇のこと・引用者注)が死に現皇太子が即位すれば、幻影のヴェールは消えて、それが戦後市民社会がささやかな存在を許している遺制にすぎぬことが、誰の眼にもあきらかになる」と予言している。

「幻影のヴェール」とは、明治国家の設計者たちが性急につくりあげたフィクションとしての近代天皇制のことで、それは〝万世一系〟の天皇を現人神《あらひとがみ》として国家最高元首とする絶対主義的国家体制のことであって、たしかに平成の世になると昭和天皇の死とともに明治の影はきれいに消えてしまった。

いかに下血がつづき重篤な状態にあるからといって、祭りや体育祭などつぎつぎと自粛し自主規制をはびこらせた日本社会の人びとは、ばたばたと会社を倒産させ、ほうぼうで自殺者まで出した。当時、皇太子であった現天皇は宮内庁長官を通じて、「国民生活に深い影響が出ると、陛下の常々のお心に沿わないことになるのではないか」と憂慮の気持ちを国民に伝えたが、人びとの心を動かすまでには至らなかった。

昭和天皇にしたがって殉死でもしようとするかのようなあの暗い昭和時代最後の一年あまりは、「明治の遺制」＝「幻影のヴェール」を民衆がなおひきずっていたことをしめす最後の歪《いびつ》な現象であったかもしれない。

では、平成の新天皇と皇后はどうだろうか。「幻影のヴェール」はまったく消えて、言ってみれば昭和天皇の時代に積みあげられ、そのままにされてきた戦争と公害の災禍について、できるだけ関係するそのすべての場所を巡礼者のようにめぐり、慰霊と懺悔と平和への祈りを終生つづけていくことを自分たちの使命とした。

戦争と公害は、足尾や水俣を見てもわかるように対をなしている。食糧、物資、兵器増産のために、どうしても鉱山や工場の量産体制が図られ、そのために有毒物質がたれ流しにされ、自然を、人間を、地域共同体を破壊してきた。三百万の戦死、戦災死、被爆死の陰には、おびただしい数の公害被害者たちの、けっして報われることのなかった死が隠れている。

美智子皇后は日清製粉グループの創業家の令嬢で、公害事件とは直接関係はないが、妹の正田恵美子が新潟の第二水俣病の発生原因をつくった昭和電工の経営者一族に嫁いでいることが、美智子皇后の心を複雑なものにしていたのではないかと思われる。恵美子は昭電グループの昭和エンジニアリング社長になる安西孝之に嫁ぎ、義父の安西正夫は一九五九（昭和三十四）年から七一（昭和四十六）年まで昭和電工社長をつとめ、その間、熊本と同様、メチル水銀を阿賀野川に流しつづけ、第二水俣病を発生させたのだ。

浩宮《ひろのみや》の后となった雅子の祖父と、妹の嫁ぎ先の義父が、ともにそろって大量毒殺行為をおこなった企業の代表であったことは、現在の皇室に暗い影を落としている。

美智子は皇室に嫁いでから、新しい時代の家族や家庭の華やかなありようを国民に披露し、皇太子明仁とともに戦後社会に誕生した2DKの団地群を訪問するなどして、それまでの農村漁村型の大家族共同体にかわる核家族時代の到来を全国に宣伝する重要な役割を果たした。大量生産、大量消費、それを可能にする農業の工業化、都市への一極集中、つまり敗戦でいったん滅んでしまった近代的大衆社会の実現に大きく貢献したのは事実であろう。

その代償として発生したのが水俣病をはじめとする公害であり、人の尊厳よりも企業利益を最優先する、血も涙もない殺伐とした沙漠のような都市群であった。出稼ぎや集団就職のために、田舎からはどんどん人が消えていき、それがいまにつながっている。

自分がいままでやってきたことは間違っていたのではないか、という思いが、皇后にも天皇にもあるのに違いない。あのニューデリーでの講演は、そうした思いの一端のあらわれでもあったのではなかったろうか。

現天皇と皇后のこれまでの道行は、昭和天皇の時代を生きたそうした死者たちへの鎮魂と懺悔と慰霊の旅であるという点で、昭和という時代にたいする批評性を帯びるとともに、「平和の道具」としての新しい皇室観を人びとの心につよく印象づけることになった。

5

私は不知火という現象を、二度見たことがある。熊襲《くまそ》討伐のため不知火海を真夜中航行する景行《けいこう》天皇は、陸地がどこにあるか見当もつかず漂っていると、海上に不意に灯った不思議な炎に導かれて、ようやく上陸することができた。不知火と呼ばれるようになったその炎は、彼の地の神の炎であり、民衆の信仰の炎である。暗黒の海上から助け出された景行天皇は、まだ見ぬ土地の者たちに、こうして助けられた。太古のむかし天皇を救った海を、昭和という時代は毒で汚染し、土地の者たちに断末魔の叫びをあげさせてしまった。もう手遅れになってしまったけれども、せめて彼らの代表者からだけでも話を聞き、言葉をかけさせてもらいたいとの思いが、お二人の心にあらわれてもおかしくはなかったはずである。

石牟礼さんは、この世界はもうじき滅亡する、と言う。その思いは、東日本大震災と福島第一原発事故を経験して決定的となった。そもそも水俣病闘争をつづけていくなかで、あまりにも非人情なチッソや国と対峙して、「自分は人間として生きていることが恥かしい」と述べた人であった。

「生類の悲《かなしみ》」と題する「講演と朗読の夕べ」の主役として、二〇一三年二月八日に舞台挨拶のために車椅子で登壇した彼女は、そこでも「これから先の世の中には、未来はないように思われます」と述べたあと、以下のように聴衆に語りかけている。

　このことは水俣という一地方の問題だけではなくて、人間の行く末をどう読めばよいか、私どもの地方では、いみじくも奇病と呼ばれて、最初の姿を現したように、病状の過酷さから、患者さんたちは、希望のもてない一日をやっとやりすごしておられます。ある人たちは、親も子も亡くなられて、孫の世代が十代、それも毎日、容赦なく病状が深くなるという日常を生き延びているのが不思議です。

　何よりもその日、その日の想いを、一口も人に伝えることができません。たとえば、好きな人ができても、「あなたを好き」と言えない。苦しいということも、言えません。うれしいということも、言えません。

どうか皆さん、胸の内を語れないということが、どんなにさびしいか、つらいか、考えてみて下さい。朝起きて、ねるまで、たった一日でも。一時間でも。水俣病になったと念《おも》ってみて下さい。

それから彼女は、患者たちを助けて暮らすことなんて、とても自分にはできそうもないと述べて、水俣についても考えてもらうことが人間の行く末を考えることだと言い、突然、もの言えぬ患者たちの魂が乗り移ったかのように、彼らの心根からの声をこのように放っている。

私たちは、肉親たちからさえ、人間じゃなか姿や声をしとると言われますので、今日は魂だけになって、この会場にうかがいました。小さな虫になったり、やぶくらに咲いている草の花になったりして、おそばにこさせていただきました。

今、お互いに目が合いました。見つめあっています。おこころもちをいただいて、間もなく帰ります。

会場に来ているはずもない患者たちの姿を彼女はその目に映し、たったいま目と目を合わせていると言うのだった。締めくくりの言葉は、もの悲しい琵琶の響きにも似る。

私たちに、何ができるでしょうか。
念って下さるだけでも、どんなにありがたいことでしょうか。
今日は、この会場に来て下さって、恐縮でございます。
心からお礼を申し上げます。

あの恐ろしい幻覚や幻聴は、いまはもうやって来ない。食べものの摂取をやめ、薬もいっさい服用せずに過ごしたその時期、あるいは彼女は、声を失ったときの皇后と似たような精神状態にあったのではなかろうか。
会場にいるはずもない患者たちの声を言葉にして語ったとき、石牟礼さんには俗信で言うところの「魂違《たまちが》え」がおこっている。死者とも、また生者とも、たとえ地球の裏と表にいて一度として会ったこともない異人種どうしだったとしても、ある日突然、魂が入れ替わる。AはBの、BはAの、知り得るはずもない互いの父と母の名を、生まれ育った故郷の山や海を、そしてそれぞれの来歴を語りはじめるのだ。

ならばこのとき、石牟礼さんの魂は患者のだれかに乗り移っているわけで、水俣の「ほっとはうす」か明水園で暮らしている患者のだれかが、彼女に成り替わっていたのではないかと考えてみると、もの言えぬその患者がどんな挙動をとったのか想像してみたくなる。

環境省が二〇一四年八月に発表した水俣病の新たな被害者数は、三万八二五七人。公式確認から五十八年を経たいまも、なおこれほどの新規数が確認されているという驚き。

しかし、このとき被害者申請をしていたのは四万七九〇六人。九六四九人が認められていないのだ。このなかには、水俣病特有の症状をもちながら、救済対象となった地域に住んでいなかったか、もしくは対象年齢から外れているために、補償対象から外されてしまった人たちがいる。このほかにも、悩みながら申請期限に間に合わなかった人たちもいる。両者は一二〇〇人規模の原告団をつくり、損害賠償請求訴訟を起こしている。

では、それ以前に熊本・鹿児島両県で認定された患者はどうかというと、わずか二二六八人。政治解決で和解の対象となった未認定患者は一万四四六人。

このように目のまえにあらわれた数字を並べてみただけでは、水俣病患者の真実の数字はけっして解明されない。メチル水銀がたれ流されていた時期に不知火海全域に住んでいた人びとは四十七万人もいる。この四十七万人にたいする不知火海全域調査をすべきだと患者団体は熊本県に迫り、当時の潮谷《しおたに》義子知事――この人は緒方正実に謝罪し、患者として認定した人であった――は環境省に話をもって行ったが、同省は店《たな》ざらしにしたまま、前記のような地域や年齢を限定した申請条件をつくりあげたのだ。現実には、とてつもない数の人びとが、救われることなく生きてきている。

他人の痛みを自分の痛みとして感じてしまう者は不幸である。現実には、相手に成り替わってやることなどできないのだから。それでときどき、「魂違え」をおこしたりするのだ。ましてこれだけの災厄に蔽い尽された海を鎮魂しようとすれば、その者はもう人でなくなってしまうほかない。

「近代文明の行く末の予兆として水俣病が起きました」

と言う道子は、もはや水俣に限って世界を見ているのではなく、不知火海の鏡面に映し出される世界を、宇宙を呼吸している。

「あなたの心から語り出すものは、日本語ではなく、ひとつのまったく特殊な方言なのです。あなたの心は、この島のこの地域のように、語るのです」

と、哲学者のイバン・イリイチは、対談（「『希望』を語る」、『夢劫《むこく》の人』所収）の席上、道子に語りかけている。

「この人は、日本を代表して語っているのではなく、あるまったく具体的な地方（風景）の証人（目撃者）として語っているのです。この人は、母なる大地から産まれてきたものであって、空想的な母なる神性、つまり日本から産まれてきたのではありません」

核心をつくイリイチの発言にたいして、

「私自身が土地という自然の一部というか、風土の精霊という気がしています」

と、道子はこたえる。

そして驚嘆したようにイリイチは、このように問いかけるのである。

「あなたは、どうやってこのような悲しみに対する勇気を手に入れられたのか」

すでに答えは、この問いに内包されている。道子にしてみれば、はじめて他人から知らされる自分自身の秘密の一端だ。うまくこたえられるはずがない。でもイリイチは、こたえられないというところに、答えの息づかいを感知している。

勇気とは、道子にはなかった言葉だ。「近代文明の行く末の予兆」を痛切に感じつつ、たゆまぬ思考をつづけてきたイリイチもまた、「もうひとつのこの世」を見る人なのであった。

あの講演をおこなった皇后もまた、そうなのだろう。「埋め立ての地は嘆き悲しみの魂たちが集う場」であると、緒方正人は言う。両陛下に講話を奏上した緒方正実の叔父である。埋立地のあちこちに、あたかも海から地を割って生え出てきた精霊のように、素朴な野仏たちが立っている。認定申請をとりさげながら、なおも自分は水俣病患者であると言う緒方正人は、一個の人間存在として立ちかえり、このような野仏を彫り、この地に祀ってきた。不知火海を見渡すその場所に、三首の御製を捧げた天皇もまた、恐ろしい行く末を憂い悲しみ、「もうひとつのこの世」を見る人なのかもしれない。

肉体としてこの世にあることが忍びない。

二人のみちこは言霊《ことだま》となってしまった。

終章　義理と人情

石牟礼道子と渡辺京二の水俣病闘争とは、どのようなものだったのだろうか。二人が支援した川本輝夫の自主交渉闘争とは――。

1

渡辺京二が石牟礼道子にはじめて会ったのは、一九六二（昭和三十七）年の秋であった。東京で「日本読書新聞」の編集者をしていた渡辺は、熊本に帰省の折、ある会合に出席して、生身の石牟礼道子と遭遇した。

渡辺三十二歳、道子三十五歳。

会合は「新文化集団」という、あまりセンスがいいとは思えない、ちょっと肩に力がはいりすぎたような名称を与えられた熊本在住の比較的若い人たちの集まりで、鶴見俊輔が出している雑誌「思想の科学」の企画について話し合うのを目的としていた。同誌はそのころ、各地方に点在する文化サークルに集う人びとに、順繰りに共同研究をさせる企画をすすめていた。

渡辺の『もうひとつのこの世 石牟礼道子の宇宙』（弦書房）所収の「生命の痛々しい感覚と言葉」によれば、道子とは「その時は顔を見知った程度」だったそうだから、会話もほとんど交わされなかったのだろう。彼はすでに名前だけは知っていた。詩人の谷川雁が主宰する雑誌「サークル村」の一員として、水俣病について書かれた「奇病」などの文章を読んでいたのである。これは水俣病について彼女がはじめて書いた文章であった。

「新文化集団」について、この名称は「与えられた」ものと述べたけれども、名付け親は谷川雁であった。道子にとっては、同じ水俣生まれの大先輩。一九五四年に水俣の生家にもどり療養生活を送っていたこの詩人と知り合い、やがて彼が北九州の炭鉱町で創刊した雑誌「サークル村」に参加する。

少し言い添えておくと、それまで短歌をつくっていた道子が、散文に目覚めていったのは、「日本近代の底部へ深々と降りてゆくことを唱えた天才的な詩人」である谷川雁が「示した方向に激しく触発された」からであり、「都会を中心とする近代化の蔭で、底辺の民が身もだえするドラマが彼女の関心の軸となった」（渡辺京二「石牟礼道子小伝」）のだという。そうして道子は水俣病患者からの聞き取りをはじめ、「サークル村」六〇年一月号に「奇病」を発表する。これがのちの『苦海浄土』の最初の一篇となった。

時代の寵児であった谷川雁は、旧制熊本中学から旧制第五高等学校と熊本市内で学業を積んだので、熊本市内にも縁を結ぶ人びとが少なからずいた。兄は民俗学者の谷川健一、弟に東洋史学者の谷川道雄、日本エディタースクールの創設者・吉田公彦がいる。彼ら兄弟は、京都大学へ行った道雄をのぞいて全員が東京大学にすすみ、それぞれ独自の道と学問を切りひらいていった。

わけても雁は『大地の商人』（一九五四年）、『天山』（五六年）の二冊の詩集をもって戦後詩の世界に金字塔を打ち立て、五八年には福岡県中間《なかま》市に移り住み、道子も参加した雑誌「サークル村」を、上野英信、森崎和江らとともに創刊した。炭鉱労働者の奥底に分け入り、革命の狼煙《のろし》が全国に散在する基層民によって同時多発的にあげられることを期待しながら、『原点が存在する』（五八年）、『工作者宣言』（五九年）といった評論集をあいついで出版した。

アジア的で土俗的な特異なナショナリズム論と、「大衆に向かっては断乎たる知識人であり、知識人に対しては鋭い大衆である」との「工作者の思想」を展開してみせたこれらの評論集は、革命の志に燃える全国の左翼系労働者や学生に多大な影響を与え、雁は教祖のごとく君臨した。

たとえば、つぎに引く詩が、どれだけ当時の若者の客気《かっき》を鼓舞したことか。象徴主義的な詩句の見事な配列と原初的リズム、これに苛烈なアジテーション性をからめた野太い大地の鼓動のようだ。

東京へゆくな

ふるさとの悪霊どもの歯ぐきから
おれはみつけた　水仙いろした泥の都
波のようにやさしく奇怪な発音で
馬車を売ろう　杉を買おう　革命はこわい

なきはらすきこりの娘は
岩のピアノにむかい
新しい国のうたを立ちのぼらせよ

つまずき　こみあげる鉄道のはて
ほしよりもしずかな草刈場で
虚無のからすを追いはらえ

あさはこわれやすいがらすだから
東京へゆくな　ふるさとを創れ

おれたちのしりをひやす苔の客間に
船乗り　百姓　旋盤工　坑夫をまねけ
かぞえきれぬ恥辱　ひとつの眼つき
それこそ羊歯でかくされたこの世の首府

駈けてゆくひずめの内側なのだ

渡辺もまた道子と同じ一九五四年から、この詩人の知遇を得ていた。しかし「サークル村」には参加していない。

詩人は筑豊の大正炭鉱争議を指導した。「新文化集団」なる集まりは、そんな彼にとって、一九六一年につぶれてしまった「サークル村」にかわる熊本での新しい根拠地という位置づけがあったのではなかろうか。

ただし、大正炭鉱争議の敗北のゆくえを見定めると、一九六五年、自分が書いた詩を裏切るように、また彼の詩や評論に鼓舞され立ちあがった全国の学生や労働者の顔にうしろ足で砂をかけるように、さっさと東京へ出て行ってしまうのだが——。

日本読書新聞を辞めた渡辺は、とうとう「食い詰めて、そのままでは一家心中するしかなくなってしまい」（前掲書）、谷川雁が東京へ出て行ったのと入れ替わるように、同じ年の春に熊本に帰って来た。看護婦をしている姉から出してもらった三十万円を元手に、「地方の文化雑誌を出して喰ってゆこう」と考え、月刊地域雑誌「熊本風土記」を創刊したのがその年の十二月。なにか書いてもらおうと水俣に道子を訪ねたのが、こんにちまで半世紀におよぶ二人の深い交流のはじまりとなった。

しばらくのあいだは、「海と空のあいだに」の連載執筆者と編集者の関係でしかない。「当時の彼女は原稿用紙の使い方もよくわかっていなかったので、私のすることは『ここは句点なのか読点なのか』『ここは改行するのか』『ここにはカッコが入るのか』とかいうように、原稿用紙の使い方を教えるというふうなことに過ぎ」なかったようだが、「連載中からこれは凄い作品だ、必ず評判になる作品だと確信して」いたという。以後、石牟礼作品の大半を彼が清書するようになる。

「熊本風土記」は一年間、十三冊を出して、資金不足のため廃刊に追い込まれた。道子の作品は、八回掲載されて終了した。

単行本にしようと動いたのは、「サークル村」時代からの理解者、上野英信である。はじめ彼は徳間書店と話をし、出版の約束をとりつけたのだが、最終的に講談社にもって行き、タイトルを「苦海浄土」とあらため出版されることになった。「苦海」は上野、「浄土」のアイデアを出したのは道子の夫、石牟礼弘であった。

こうして道子にとって最初の単行本『苦海浄土　わが水俣病』は、一九六九年一月、講談社から出版された。水俣病問題の深奥をとらえた〝聞き書きルポルタージュ〟として大きな反響を巻き起こすのは、翌七〇年春、新設された大宅壮一ノンフィクション賞の第一回受賞作に選ばれたことからである。

ところが道子は、水俣病患者を描いた作品で賞を受けるのに忍びなく、受賞を辞退した。前年、熊日文学賞の受賞が決まったときも、同様の理由で辞退している。

芥川賞、直木賞に次いで文藝春秋が鳴り物入りで新設した大宅賞は、ジャーナリズムの注目を集めていた。受賞作発表号の「文藝春秋」五月号「選考経過」で、辞退の理由を道子は、「ご好意は大変ありがたいが、まだ続篇を執筆中の現在受賞するのは、気も晴れない心境なので辞退したい」と述べている。大隈秀夫の『マスコミ帝王裸の大宅壮一』（三省堂）によれば、「わたし一人が頂く賞ではありません。水俣病で死んでいった人々や今なお苦しんでいる患者がいたからこそ書くことができたのです。わたしには晴れがましいことなど似合いませんのでお断りします」と述べたことになっている。

受賞辞退をめぐって、ジャーナリズムは、どうしてこのような決断をしたのかと騒ぎはじめた。折しも公害問題が社会問題となっていたのだ。これまでだれも描き得なかった患者たちの心の深奥に分け入り、チッソや国や県の百鬼夜行のごとき生態をも余さず書き尽くした本書によって、彼女は水俣病の悲劇を世に知らしめるスターとして、ジャーナリズムに迎えられた感があった。

道子はマスコミの取材攻勢から逃れるため、一時身を隠す騒動となった。同賞を運営する文藝春秋は、受賞作の一部「ゆき女きき書」を「文藝春秋」五月号に掲載した。辞退騒動と大部数をほこる商業雑誌への掲載によって、『苦海浄土』と彼女の存在は広く知れわたることとなった。

すでに井上光晴編集の文芸誌「辺境」で『苦海浄土』第二部の連載を開始していた彼女のもとには、その他多くの出版社からの原稿依頼、さまざまな団体からの講演依頼が殺到し、席のあたたまる暇もない忙しさになった。まぼろしの受賞が、彼女を職業作家として自立させたのである。

それだけではない。水俣病問題も抜き差しならぬ局面を迎えていて、彼女はたったひとりで思い悩んでいた。そのとき助けを求めようとしてまっさきに頭に浮かんだのが渡辺京二であった。

2

藤原書店から出ている『石牟礼道子全集』別巻の巻末に、渡辺京二による「詳伝年譜」が添えられている。原稿用紙で百二十枚前後にわたるそれには、いままで知られていないエピソードも数々紹介されており、石牟礼研究には欠かせぬ貴重な記録となっている。

それによると『苦海浄土』が出版された一九六九年は、やはり「石牟礼道子にとって決定的な年だった」のである。

同年六月、水俣病患者二十九家族が損害賠償訴訟を熊本地裁にとうとう起こした。道子は夫の弘と語らって、ほかの有志たちとともに水俣病対策市民会議（のち水俣病市民会議）を一九六八年に結成しており、これら訴訟派の患者を支援して提訴の準備をすすめていた。

患者たちでつくる水俣病患者家族互助会は、厚生省の斡旋に一任するか（一任派）、訴訟に踏み切るか（訴訟派）の二派に分かれて、分裂の可能性までをふくんで大揺れに揺れていた。そうして、そのなかから、ついに二十九家族が提訴へと立ちあがることを決めたのだ。

引くに引けぬ大舞台に患者たちは躍り出てしまった。チッソ城下町の水俣市において、チッソに頼らずに生きていける市民はほとんどいない。それで市民会議に加わってチッソに立ち向かおうとの姿勢を鮮明にしたとき、祖母の「おもかさま」を大切に遇してきたあの父の亀太郎から、このように道子は迫られたと渡辺は伝える。

「むかしなら、打首獄門ものぞ。覚悟はあるのか」

やめろと言ったのではない。ただ覚悟を問うたのである――と、渡辺は補足する。

これまでに味わったこともない未知の恐ろしい重圧が、きっと娘の小さな体に押し寄せてくるだろうと心配しながら、亀太郎は提訴より二ヵ月まえの四月、この世を去った。しかし娘が出版したはじめての本を亀太郎は見ることができた。訪ねてきた上野英信に「道子は物書きとして、どれくらいの格か」と問うた人だ。「亡くなる前にわが娘の本が講談社から出たことは、この人にとって大きなよろこびであったろう。若き日、天草僻村《へきそん》の青年団長であった時以来、かの大日本雄弁会講談社の名は耳に鳴り響いていただろうから」と、渡辺は推し測っている。

そのようなことだから、道子の覚悟は生半可なものではなかった。市民会議の結成後には、「水俣病が社会問題化し、自分の身辺も慌《あわただ》しくなるのを予感していて、そのために岐阜で働いていた妹妙子を水俣の自分の家に引き取」り、「助手」として手伝ってもらう手筈も整えていた。

市民会議の会長は日吉フミコといって、社会党に属する前市会議員。主要メンバーはチッソ第一労組や市職員組合、日教組の活動家なので、弁護団の結成については社会党の国会議員や県総評の助けを借りればできる。提訴に向けた準備段階で彼女が心配したのは、訴訟派を援護射撃してくれるような世論の形成をどうしていくかということで、自分たちの行動や考えを全国に発信していかなければならないのに、そうした才覚のあるメンバーが市民会議にはいないということだった。提訴先は熊本地裁。熊本へ行って泊まったり、情宣活動をしたりするためにも、どうしても熊本市内に拠点が必要だった。信頼できる人物に助けてもらわなければならない。

みずからこのように渡辺は書く。「彼女の念頭にあったのは熊本市在住の渡辺京二だった」と。それはなぜかというと、「『熊本風土記』の連載によって信頼関係ができていて、その後同誌が廃刊になったあとも、熊本へ出て来て二本木遊廓のあとを案内してもらったり、宿がないときは同家に泊ることもあった。（中略）市民会議を結成したその年のうちに、渡辺に依頼して熊本市の有志に集まってもらい、協力を要請したこともあった」という。

しかし彼の当初の態度は、道子にとって冷淡なものであった。「詳伝年譜」には、このようにつづく。

〈渡辺は当初水俣病患者の支援活動をする気はなかった。どこかに悲惨な人びとがいれば、救援にかけつけねばならぬとは考えていなかった。政府と大企業が結託して不正を行なっているなら、自分が糾弾せねばならぬとも思っていなかった。悲惨とか不正は従来の左翼が己れの存在理由としているところで、そんな左翼運動ないし市民運動に同調する気はなかった〉

このような考えが一変するのは、一九六九年三月、道子から最後の要請をうけたときだ。

どういうことだろうか――。

それを述べるまえに、ここまでの背景と事情を少し詳しく述べておかなければならない。

チッソ水俣工場は一九六八（昭和四十三）年五月、電気化学から石油化学への転換という経営上の理由をあげて、三十六年間におよんだ、メチル水銀を大量に生成するアセトアルデヒド製造工程をやっとストップさせた。猛毒のたれ流しをやめたのだ。九月には厚生省が、同病の公式発見から十二年たって、「熊本水俣病は新日窒水俣工場で生成されたメチル水銀化合物が原因」であると、とうとう断定した。

国が水俣病の原因をチッソにあると認めたことは、患者たちの動静に大きな影響を与えた。

水俣病患者家庭互助会はこれをうけて、死者にたいする弔慰金、生存者への慰謝料・年金を求めてチッソと補償交渉を開始した。しかしチッソはこれを嫌い、第三者機関として厚生省内につくられようとしている補償処理委員会に調停をまかせたいと迫った。

互助会は頭を抱え込んだ。患者自身の高齢化や病勢の深刻化、胎児性患者や幼くして発病した子どもたちの看病にかかりきりになり、みずからも同病に苦しんでいる親や祖父母たちは、働きに出ることもかなわず、病院に子どもをつれて行く金銭もない。生活保護をうけようにも、集落内の目を気にして申請を控えるという、泣くに泣けない現実もあった。

猛毒のたれ流しによってもたらされた病苦と貧困と差別、そうしたのっぴきならない事情をかかえた互助会は、この提案を了承せざるを得なかった。

年が明けて『苦海浄土』が世に出たあとの二月、「調停案に一任する旨の確約書を出さなければ、調停機関はつくれない」との通告を、厚生省は互助会にたいしておこなった。いよいよ国は、あからさまに牙を剝《む》いてきたのである。四月五日、互助会は、「確約書を出すほかに道はない」「いや、第三者機関にまかせてなるものか」で紛糾し、分裂状態におちいった。五日後には五十四世帯が確約書を提出し、以後彼らは「一任派」と呼ばれるようになる。

第三者機関といっても、補償処理委員会に名をつらねるのは、どれも国やチッソの息のかかった御用学者たちなのだ。けっして患者側のこれまでの苦しみや悲しみに見合う補償額をしめすはずがない。彼らの目論見はチッソが支払う補償額をできるだけ少なく抑え、患者団体を分裂させ、弱らせて、国の責任を可能な限り回避することにある。

ところで、これは少し先の話になるが、翌一九七〇年五月に補償処理委員会が最終的にしめした調停案は、つぎのようなものであった。

一、死者一人につき百七十万円から四百万円の弔慰金を支払う。

二、生存者一人につき八十万円から二百万円の慰謝料と十七万円から三十八万円の年金を支払う。

付け加えておくと、チッソの企業責任については、まったく触れられていない。

以上のように、やむなく一任せざるを得なかった人びとは、命の値段をずたずたに切り刻まれてしまうのであるが、そうなることを見越した訴訟派の二十九家族と彼らを支援する市民会議は、あくまでもチッソ側が補償処理委員会の斡旋に一任するとの姿勢を崩さなければ訴訟をおこすと主張し、ついに提訴の運びとなったのだ。

渡辺京二に変化が訪れたのは、こうした事態の推移を見極めたからである。『死民と日常　私の水俣病闘争』（弦書房）という渡辺の著作には、一九九〇年十二月に熊本市内の真宗寺でおこなわれた講演「水俣から訴えられたこと」という、かなり詳細にわたる水俣病支援闘争の個人史的回想が収録されているが、そのなかで支援闘争にみずからを躍り込ませていったときの心情について、やはり二十九家族による訴訟決断が大きく作用したと述べている。

「こりゃあ加勢してやらにゃんばい」

と、熊本弁で語られるその心には、市民会議を先導する総評系団体の不甲斐ない実態にたいする、「お前たちゃなんもせんなら俺がやってみせるぞ」といった反骨心も宿っていたのだけれども、「やはりこの患者の姿がですね、二十九名の患者が提起しているこの問題がですね、いわゆる公害闘争じゃないんだ。いわゆる裁判闘争じゃないんだというふうな直覚がありました」と述べ、「日本の社会のなかで一番取り残されたような、古い心情を持っている層がですね、一番最先端の一番上層部の国家権力であるとか、それからまたチッソ資本とかですね、そういうものと直接対決に入ったってことに、心情的にやっぱり揺り動かされた」と本音を吐露している。強大な敵にたいして、すっかり毒のまわった冬の枯木のような四肢で闘いを挑もうとする、法律も運動戦術もまるで知らぬ「じいちゃん、ばあちゃん」たちへの深い同情——渡辺は「同情」とはここでは言っていないけれども、それは黒澤映画『七人の侍』で描かれるような、百姓たちのために捨て身で闘う野武士たちの心情に似ているかもしれない——こそが、ついに彼を動かしたのだ。

とはいえ、道子とのかかわりが結局は決定的だったと、このようにも述べている。

〈石牟礼さんからまた例によってですね、嫌みな言い方がありますんで。「あなたはなさりたくないんでしょうけれども、あなたがなさりたくなければ、このことを何々さんにだけ連絡とっていただけないでしょうか」とか（笑）、そういう形で言われてきますので、そういうこともあったのかもしれません。まあ、結局彼女との関わりが決定的だったと思います〉

3

こうして渡辺は道子の要請を受け容れ、「これからあなたと一緒に破滅する覚悟はできている」という手紙を道子に書き送った。それから長文のビラを執筆し、熊本市内で撒き、いきなりチッソ水俣工場正門まえでの坐り込みの挙に出た。九州大学を出て渡辺宅で英語塾を手伝っている小山和夫という若者と二人で。

「水俣病患者の最後の自主交渉を支持し／チッソ水俣工場前に坐りこみを!!」と題されたそのビラは、つぎのように書き出されている。

水俣病患者補償問題をめぐる動きは、この数日来、にわかにするどい緊張をしめしている。厚生省は患者家庭互助会の大半を誘導して、第三者機関による仲裁依頼の確約書を提出させることに成功した。この確約書は「委員の人選は一任、出された結論には異議なく従う」という致命的条項をふくむものである。一方確約書提出をこばむ三十《ママ》所帯は四月十三日、チッソ株式会社に交渉を申し入れ、二十二日までに回答がえられない場合は訴訟にふみきる覚悟をあきらかにした。それに対しチッソ入江専務は、チッソとしては国が仲裁の労をとる以上、すべてを国にまかせること、したがって政府の仲裁に応じない患者家族とは一切交渉の意志はないこと、裁判はいつでもうけて立つ用意のあることを、事前に明言している。

　昨年九月の政府による公害認定以来のすじ書きは、ここにまったくあきらかとなった。高度成長の収拾段階に入って「公害問題」解決をスケジュールにくみこまねばならなくなった今日、チッソには一定のワリをくわせて泣いてもらわねばならぬ。しかし、そのワリはチッソはもとより、化学工業界―巨大資本にとってあくまで「カスリ傷」にとどめる。その「カスリ傷」を代償として国家権力の威信をしめし、その威信をかけた仲裁に応じない患者家族は「身からでたサビ」として、問題解決のレールからしめだす、このすじがきはいまや完成の段階にあり、水俣在住の一女性の言葉をかりれば、まさに水俣病患者は二度目のなぶりごろしにあいつつあるのである。この状況の中で、あえて訴訟にふみきるという患者・家族の心情は、その孤立のせつなさによって、われわれの魂にある刻印をうたずにはおかない。

余談ながら、終わり近くに出てくる、「二度目のなぶりごろし」と語った「水俣在住の一女性」とは、道子のことではあるまいか。そしてビラは「水俣病問題の核心」について、切れ味のよい刀で袈裟斬りにし、つぎのように核心を割ってみせるのである。

水俣病問題の核心とは何か。金もうけのために人を殺したものは、それ相応のつぐないをせねばならぬ、ただそれだけである。親兄弟を殺され、いたいけなむすこ・むすめを胎児性水俣病という業病につきおとされたものたちは、そのつぐないをカタキであるチッソ資本からはっきりとうけとらねば、この世は闇である。水俣病は、「私人」としての日本生活大衆、しかも底辺の漁民共同体に対してくわえられた、「私人」としての日本独占資本の暴行である。血債はかならず返済されねばならない。これは政府・司法機関が口を出す領域ではない。被害者である水俣病漁民自身が、チッソ資本とあいたいで堂々ととりたてるべき貸し金である。

現地では、患者たちは金欲しさでチッソと交渉をしているとか、ニセ患者も混じっているとか、あらぬ噂をまことしやかにフレームアップする勢力がおり、患者たちのなかにも、自分たちの被害感情は金に換えられるものではないとか、けっして金欲しさでやっているのではない、金などいらん、などと言う者もいて、それは金銭で物を売り買いするのでなく、物々交換に限りなく近い前近代的な共同体のなかで生きてきた人びとの、奥ゆかしくもいじらしい心の発露には違いないのだが、近代化の象徴であったチッソとそれを後押ししてきた国は、このなんとも健気な民衆世界のモラルや良心をウィークポイントと見て、攻めたてるのだ。

このような構造を見定めたうえで、「血債はかならず返済されねばならない」と、ビラは訴えている。

しかし、状況はきわまりつつある。自分たちの利害にまつわる闘争には日当を支給して組織動員を行なうくせに、水俣病の元凶であるチッソ資本に対し、傘下のメンバーに日当を支給してでも「抗議すわりこみ」をする既成組織は皆無という状況の中で、患者・家族は最後の自主交渉に入った。その志を座視することができるだろうか。（中略）たとえ実効をもとうがもつまいが、独力で最後の交渉に入った患者・家族を支援し、その志を黙殺するチッソ資本に抗議することは、一生活大衆としてのわれわれの当然の心情であるとともに、自立的な思想行動者としての責任であると信じる。われわれはその意志をもっとも単純な直接性において表現しようと考える。すなわち、われわれ、この文書の署名者ふたりは、

四月十七日午前十時より、チッソ水俣工場の正門前で、八時間の抗議すわりこみをおこなう。

この抗議すわりこみに共感されるかたがたは、どうか当日、われわれと肩をならべていただきたい。すわりこみは次のような原則のもとにおこなわれる。

一、すわりこみの趣旨は「会社の患者・家族に対する態度の暴慢さに抗議する」という一点にしぼる。これに賛成であれば、思想・信条のちがいは問わない。

一、すわりこみの責任は、この文書署名者がとる。参加者は住所・氏名をあきらかにする必要はない。

一、すわりこみの時間の長短は自由である。最後の十分間をともにして下さるだけでもよい。

一、次回すわりこみについては、当日参加者の相談によってきめる。

一、すわりこみは「熊本市住民有志」の名のもとに行なわれる。参加者は個人の資格を厳守したい。どんな組織の旗印ももちこみはおことわりする。

最後にこの提唱は、いかなる組織とも関係なく、まったくの個人によって行なわれるものであることをおことわりしておく。

一九六九年四月十五日

熊本市健軍町一八二〇の二二

渡辺京二

小山和夫

以後、この思考が、「水俣病を告発する会」に集まったメンバーの基底となっていった。

道子の記述によると、市民会議はこの時期、「混沌としながらも状況の渦をつくりだしつつあり、しかもみずからがつくり出した渦の中にひきこまれ、溺死寸前」にあった。そうして「どうしてもここで乗り切らねばならぬ」との思いをつのらせて、「さらなる闇の中を舞い降りてゆくかなしさを、胸のうちに拡げながら」、道子は渡辺に「ひとりごとを呟くような〝要請〟をした」。その結果、このビラが撒かれ、坐り込みが敢行されたのである。

『苦海浄土』第二部「神々の村」には、このように書かれている。

〈印刷費滞納などが主な理由となって同誌（「熊本風土記」・引用者注）廃刊ののち、（渡辺は）隠棲の哲学者になりきろうとつとめている風であったが、ながい沈思ののち、生活の資をうるための英語塾の同僚ひとりを伴い、ビラをまき、ある朝、熊本市からきてチッソ水俣工場正門前に端然と坐りこみを敢行した。千枚《ママ》まいたビラを読んだ未知の一人がやはり熊本市から合流した。半田隆さんという。わたくしの息子を入れて四名、まったく無名の市井人が、個人の資格をもってチッソ工場前に抗議行動を起したのははじめてのことであり、これをひとつの意志表示として「熊本風土記」同人、高校教師本田啓吉氏を代表とする「水俣病を告発する会」が、熊本市に誕生する〉

坐り込みをしたのは四人だったけれども、のちに「告発する会」に参加する宮澤信雄というNHK熊本放送局に勤務するアナウンサーの当時のメモ（「水俣病日誌（二）」、石牟礼・渡辺・松浦豊敏を編集同人とする「暗河《くらごう》」一九七四年冬号）を見ると、坐り込みの四日まえには渡辺宅に仲間たちが集まり、話し合いがおこなわれている。ここで突然渡辺から「坐り込み」の提案がなされた。宮澤は「『坐りこみ』という行動への変化がよくわからない」と述べており、渡辺の爆発的変化のようすがうかがわれる。

宮澤信雄がはじめて渡辺と会ったのは、前年十月十八日の夜、「おきく」という焼鳥屋であった。ちょっと本題から逸れてしまうけれども、そのときの印象記がおもしろいので、以下に引いておく。

〈このときぼくは渡辺京二さんとはじめて出会った。おきくに一番早く相前後して着いた渡辺さんとぼくは、お互いに名乗り合っただけで、ほかの人たちが来るまでのあいだ遂にひとことも話をせず坐っていた。以前から聞いた話から想像していた渡辺さんは容貌魁偉な偉丈夫のはずだったが、実際には、熊本で会った人の中で最も端正なというべき人で、ぼくはその意外さに驚いてしまった。きちんとネクタイを締め、端然と坐っていた。黙って煙草を吸っている間にも、むき出しになっている神経の震えのようなものが伝わってくる感じで怖ろしく、早く三原さん（三原浩良・毎日新聞記者・引用者注）が来てくれればいいがと、思い続けていた〉

宮澤には渡辺の急変ぶりが理解できなかったらしい。でも、坐り込みが決行された四月十七日には、水俣病法律問題研究会をひらいて、訴訟弁護団と打ち合わせをしている。それから三日後の四月二十日には、熊本市内の福祉会館に「渡辺京二さんの主唱で水俣病にとりくむ人たちの集会」が三十名ほど集めてひらかれ、その場で「水俣病を告発する会」が結成された。会は「主義主張に関係なく、水俣病を自分自身の問題と考える者たちが何らかの行動をするという集まり」で、主な目的は「水俣病裁判を支援し、市民会議の活動を全面的にバックアップする」、そして「水俣病と、それをめぐる事柄を全国にPRする」（以上「水俣病日誌」）ことであった。

同会会長には「発意者たちにゆかりあさからぬ」（石牟礼前掲書）高校教師の本田啓吉がなり、月一回発行の機関紙「告発」の編集長には渡辺がなって、六月十四日、水俣病患者家族互助会の訴訟派二十九世帯がチッソを相手どり総額六億四〇〇〇万円の損害賠償を求める訴えを熊本地裁におこした訴訟を全力で支えていくことになった。

本田啓吉という人は熊本の高校教師で、渡辺より六歳上。いまはもう、この世にない。『本田啓吉先生遺稿・追悼文集』に寄せられた「義の人の思い出」という渡辺の追想記を読むと、二人が出会ったのは一九五四（昭和二十九）年六月のことで、古い友人関係にあった。当時、共産党員であった渡辺は、四年半を過ごした肺結核療養所を出て、新日本文学会熊本支部を再建し、機関誌「新熊本文学」を月刊化したところだった。本田を訪ねたのは詩の書き手として同誌に原稿を寄せてもらいたいと考えたからである。

以後、渡辺は共産党を離脱、「炎の眼」という同人誌をはじめたが、やがて本田もこれに加わって、「水俣病を告発する会」まで一貫して行をともにした。

同会を発足させるにあたって、まず最初に渡辺の頭に浮かんだのが、「自分を売り出したり際立たせようとするところは、まったく」なくて、「人びとともにまっとうに生きるのみという姿勢が底光りして」いる本田の存在であったという。

「義の人」と呼ぶのは、二十九世帯によって訴訟がおこされた直後、裁判所まえでひらかれた報告会で、このような演説を本田がしたからである。

「弁護士さんは私怨を捨てて裁判に臨めと言ったが、われわれはあくまで仇討ちとしてこの裁判をとらえる。われわれの態度は義によって助太刀いたすというところにある」

これは左翼陣営が推し進めてきた反公害闘争や労働運動の考えかたとは、まるで対極に位置する。赤穂浪士の討ち入りでもあるまいに、なぜ仇討ちなのか、なぜ助太刀なのか――。

本田の思考に大きな影響を与えたのは、渡辺のビラの文章であり、「熊本風土記」に連載された道子の「海と空のあいだに」の世界観であった。告発する会の機関紙として創刊された「告発」二号に、本田は「義勇兵の決意」と題してこのようにしるしている。

その世界はそっくりわたしの曾祖母や祖母の世界であり、母方の祖父母の世界であった。（中略）わたしは石牟礼さんに教えられて、水俣病がわたしの祖父母の世界にかけられた破壊攻撃であることを思い知った。祖父母の世界は風俗は変っても父母の世界であり、やはりわたしの世界でもあった。（中略）
あの美しい海を相手に静かに同じ朝夕をくりかえしながら生きてきた人びとに何の理由もなく加えられた毒殺行為に、どのような弁解がなり立つのか。
いまや敵は目の前にいるし、その黒幕の権力もしっぽを出している。その敵は、厚顔にも、自分が毒殺したことを、ひそかに行なった実験で確認したあとも隠しつづけ、誰ひとり毒殺を疑わなくなった現在も、うやむやにしてだまし通そうとしている。そして、公然と「オレを大事にしないとオマエタチもたちゆかぬぞ」とおどしまでかけている。（中略）
その抑圧者・加害者・搾取者が口のまわりの血を拭って目の前にいる。それなのに、考えるだけ・話すだけでおしまいとする習性の身についたわたしたちは、ここでも考えるだけ、話すだけでおしまいにしようというのか。

敵が目の前にいてもたたかわない者は、もともとたたかうつもりなどなかった者である。そんならもう従順に体制の中の下僕か小羊になるがよい。

本田はこのように自分に言い聞かせ、戦列に加わることを決意したのだ。

こうした発言と文章をめぐって渡辺は、「フランス革命の三色旗の意味するものが自由・平等・友愛であったとすれば、仮想の日本革命旗には義理と人情の五文字が大書されるであろう」（『水俣病闘争　わが死民』創土社）と述べている。熊本の告発する会のメンバーは議論嫌いで、「最底の共通了解事項が義理と人情というおそろしく古風な二語」であったと渡辺は書く。

私見ながら、本田の発言の裏には、渡辺京二の存在があったのではないかと思う。彼がいわば「前近代的下層民の逆襲」といったこの闘争のグランドデザインを描いたのは事実であり、本田が彼の指南を求めたのも事実である。「義によって助太刀いたす」を言わせたのは渡辺ではないかと私はみている。

裁判所まえに集まった人びとのなかには、この古風な言葉が耳に飛び込んできたとき、冷笑・苦笑した者もいれば、時代錯誤も甚《はなは》だしいと唾棄したくなった左翼系支援者もいただろう。

でも渡辺に言わせれば、明治維新政府によって「社会の裏面に放逐し沈積させ」られ、そのために本来の意味を「歪曲」「変形」させられて、左翼運動によってさらにその激化をすすめられた、「日本生活民が生みだし、自らの生活をそれによって律した唯一の倫理的規範であった」義理と人情というものを胸に抱いて、水俣病患者とその家族の「存在感覚と心情へ降りて行こうとした」――いや、「のぼりつめ」て行こうとした。……と、ちょっとむずかしい言いまわしをしているが、ようするに重厚長大と利益拡大を最優先する近代生活の進展のなかで棄て去られてきた日本人の倫理――義理と人情をもってのぞむ以外に、水俣の人びとには尽くしおおせることができないと言っているのだ。片思いのような恋慕に似た感情なのである。

告発する会の事務所は、本田宅に置かれた。ほとんど一人で「告発」の編集実務にたずさわることになった渡辺は、彼の家に通いつめた。

最初に告発する会のメンバーになったのは、本田、渡辺、小山のほかに、吉田隆喜（高校教師）、松岡洋之助、宮澤信雄、半田隆（以上ＮＨＫ）、久野啓介（熊本日日新聞）、三原浩良（毎日新聞）、堀内五十鈴（地評事務局）、高浜幸敏（熊本県庁）らであった。

4

では「告発」とは、どんな機関紙だったのだろうか。

発行目的は、訴訟の経過と患者たちの声を全国に発信すること。タブロイド判で月一回の発行。当初は全四ページで、三〇〇〇部が刷られた。渡辺は、いちいち何部必要かなんて配布先には尋ねずに、相手によっては——たとえば労働組合とか教職員組合など——、ドーンと五十部とか百部単位で送りつけるよう指示した。「大丈夫。ああいう組織はきちんと代金を払ってくれるから」と言って。こうして得た収入は、すべて患者の裁判費用や彼らが熊本に来たときの宿泊費用に充てられた。

いま縮刷版で創刊号を見てみると、発行日が一九六九年六月二十五日となっている。一面トップには、「チッソに宣戦布告/熊本地裁に訴状を提出」という見出しが大きく躍り、訴状提出前後のドラマを伝えている。「患者家族紹介」のコーナーを道子が担当し、訴訟派代表の渡辺栄蔵をとりあげている。

二面では、熊大精神神経科講師の原田正純が、水俣病の認定基準とその欺瞞性について解説しつつ、「認定患者は氷山の一角/すみやかに全貌の究明を」と、いまだきびしい基準のまえに認定を否決された、どう見ても患者でしかあり得ぬ人びとへの再認定作業や、世間の目を怖がって認定申請をためらっている潜在患者の発掘を訴えている。不知火海全域に暮らすすべての人びとの健康調査を実施すれば――これこそが国や自治体が率先しておこなうべき調査なのであるが――、「この家は奇病の家系だから」といった蔑《さげす》みの感情から人びとを解放できる。そうした科学的知見によって「この病気は特定の家に生じた奇病などではなく、不知火海沿岸の住民もろもろが蒙《こうむ》った薬害なのであり、チッソによる毒殺行為なのだ」と理解してもらえるだろう。告発する会はそのように考えて、「全貌の究明を」と訴えている。

同記事は、武内忠男・熊大教授による潜在患者の発見と審査基準の見直しを求める意見を紹介したうえで、「魚が売れなくなるので、水俣病といわないでくれと周囲から圧力をかけられ、ひたかくしにしたまま、もがき苦しんで死んだ人で、未認定の者は少なくない」として、水俣病に間違いないと地元の医者から診断された人が審査対象から外されるという、あまりにも無体な現実を伝えている。

三面は、「のしかかる会社の影」と題する水俣現地のルポルタージュ。チッソなしでは生きられぬ市のありさまと、訴訟派を押し潰そうとするチッソの策謀を浮き彫りにしている。

公害認定以後、チッソは水俣からよそへの移転をほのめかし、再建に向けた五ヵ年計画の手直し案を発表、付属病院の閉鎖まで打ち出した。これにより市民たちは日常生活への不安をさらに懐き、市当局も税収の激減におびえる。

「告発」記者は市民二人から話を聞いている。

文具店主——患者さん方も気の毒とは思いますが、あまり会社をせめてばかりいただいては困るという考え方もある訳です。私達としては、チッソを失いたくないと思う訳です。水俣はチッソによって出来た町ですけん……。

主婦——互助会とか、そういう連中が千三百万とかいくらとかやってるけど、チッソがつぶるんなら水俣市も悪うなるですけんね。だいたい、会社ばたてたが良かと思うですすばってんね（以上発言そのまま）。

人は知るであろう。水俣では水俣病以外に、恐るべき事態が進行しているのだと。一面に登場の渡辺栄蔵が三面にも登場し、水俣病患者として十数年苦しみぬいて死んだ妻を看取ったときのチッソにたいする憎しみや怒りを語りつつ、

〈「もっと腹が立つのは江頭さんがとにかく五ケ年計画はだめだ、会社はもうもって

はっ《マ》てくん《マ》だ、地盤は沈下する、しかも私達に対しては補償は上積み程度だと、こういうでしょう」〉

　と言っている。

　いまの皇太子妃雅子が五歳のとき、祖父の江頭豊は訴訟派の台頭を懸命に抑えようとしていたのである。

　四面最終ページは、道子の「復讐法の倫理」というエッセイを載せている。これもまた告発する会の基底となった考えである。もう道子は、鬼女になっている。

　ハムラビ法典には「眼には眼を」と教える「同態復讐法」なるものがあるらしい、と書いたあとで、道子は、患者たちの心の深奥から湧きあがってくる怨嗟《えんさ》の声――、

〈「銭は一銭もいらん、そのかわり会社のえらか衆の上から順々に有機水銀ば呑んでもらおう、四十何人死んでもらおう、あと順々に生存患者になってもらおう」〉

　としるし、

〈自然死ではない死を遂げる場合、下層民たちの大部分の死はなぶり殺しであって、「法の下に平等」どころか、法の見捨てるところにおいて平等である〉

　と述べて、水俣市長が脳の病気で倒れたことをめぐって、患者たちの声としてこのようにしるす。

住民の一斉検診をやる必要はない、未認定死亡患者を洗い出す気はない、という〝当局〟の談話を（患者たちは）ひやかしていうのだ。

「まだ市長さんな死なれんかい。今度は市長さんの脳ば解剖せろ」と。

互助会とチッソとの〝自主交渉〟の過程で倒れたまま、五月議会が過ぎても橋本彦七市長は起きあがれない。

チッソ水俣工場長出身の市長の「脳のくさりよる病気」について、患者たちは、「祟ったぞ、祟ったぞ、前の市長さんにも水俣病の祟らした。二度あることは三度ある。三度目の市長には誰がなるもんじゃろ」

そういうのである。


チッソ工場長をつとめあげた橋本市長は、水俣病原因物質のメチル水銀を排出するアセトアルデヒド酢酸工程の発明者なのであった。彼は患者互助会との直接交渉を嫌うチッソ側の要請をうけ、厚生省に補償処理委員会をつくってもらうために上京した。ずっとチッソにたいして交渉してきた患者団体に、直接交渉ではなく、補償処理委という第三者機関を厚生省に立ててもらって、それに斡旋してもらおうと逃げを打ったのだ。橋本市長はその陳情先である厚生省で倒れ、人事不省のまま担架に乗せられ、水俣まで帰って来た。助役が市長代行をつとめていた。

道子は「呪殺」という言葉まで使い、同態復讐法の正当性を述べるのだが、冒頭近くにしるされる「鬼になった」というくだりが、とくに切実に心に訴えかけてくる。

〈「ああ血迷うた。ふた親は殺され、きょうだいは片輪にされて血迷うた。お蔭でおなごじゃったが男になった。男からこの頃は鬼になった。もう人間じゃなかけん、おるげの家は潰れた訳じゃ。血迷うたぞ」〉

助太刀のほかに、どんな言葉があるだろうか。

島田真祐という人は、のちの島田美術館館長で、小説を幾作も発表してきた人であるが、道子の論考の下に設けられた通信欄に、興味深い記事を寄せている。それは天皇と水俣病患者の距離についてである。先にも紹介したが、厚生大臣を迎えて、はげしい痙攣発作をおこしながら、ひとりの劇症型女性患者・村野タマノが天皇陛下万歳を唱え、滅茶苦茶に調子っぱずれな「君が代」を歌ってみせた。テレビで見たその光景が、島田は目について離れないという。

激しく痙攣する肉体と同様に、おそらく無残に引裂かれ揺れ動く錯乱した暗黒の意識状況の中で、彼女が捉えたことばとリズムが「テンノウヘイカバンザイ」であり、「君が代」であったということに、私は強い衝撃を受けた。私は、かつて彼女の生活の場であった海と海辺の土地を触媒としてつながっているのであろう彼女の中なる国への想い（中略）に胸をつかれながら、このような国家意識の基底部を形成する人々の真情の叫びに応えないような国はもはや国家として機能しえない国ではないか、と考えさえした。

ところが、国は圧殺しようとする。それならばと個人として支援闘争に参加した、と島田は述べている。

国を代表して厚生大臣が来てくれた。きっと助けてくれるに違いない。そのような思いを胸いっぱいに、痙攣地獄にのたうちながら天皇陛下万歳を叫び、「君が代」を歌う。そこに島田は彼女ひとりのものではない、国というものにたいする水俣民衆の揺るぎない信仰のような信頼と、それを突き放す冷酷な断絶の壁を見ている。会に集ったメンバーは、こうした患者たちに徹底的に寄り添おうとしているのだった。

二号からは「深き淵より叫ぶ」と題する、患者ひとりひとりの手記や聞き書きの連載がはじまり、想像を絶する来し方がはじめて公に語られて、支援の輪をひろげた。

第一回の渡辺栄蔵の手記は、妻の死後、その疾病が水俣病であることが解剖によって確定した夜、眠れぬままに綴られたもので、十二年にわたる昼夜分たぬ介護のありさま、三人の孫が水俣病という現実、互助会会長という立場から、金銭目当てだのなんだのと世間から言われたくなかったので、自分も水俣病に違いないと思いながらも検診をうけるのを我慢してきた。しかし江頭豊社長によるさまざまな「水俣市民を脅かすこの上もない悪宣伝」に我慢ならず、「私も腹立たしくなり潜在患者として検診にふみ切った」と綴る。

この手記が最後に訴えるのは、「夫婦という愛のつながり」であり、そこから戦争中の生々しい記憶を語り出し、一任派の人びとにこのように呼びかけていく。

確約書組の人たちに、三年後戦地から死んで帰った親兄弟の事を思い出してもらいたい。水俣病で親や子供・孫を殺し、片端になった時のことを今一度思い出してもらいたい。当時は誰もが恨み悲しんだことだろう。

人間というものは、忘れるようにできている。残念なことだ。

あの戦争では「手柄をたてて帰れ」とはみなが言ったかもしれないが、「死んで帰れ」とはだれ一人言わなかったはずだ、と渡辺栄蔵は言い、なのに肉親たちは死んで帰って来た、水俣病でも同じことがおきる、と言うのである。

先の本田啓吉の「義勇兵の決意」も同じ二号に載っている。

患者と支援者のこうした声を発信する「告発」は、水俣病被害者がどのような実情にあるのか、また彼らを支援する者たちがどんな人間性をもっているのかを読者に伝え、チッソや国や県の欺瞞と隠蔽の実態を文字どおり告発していった。

はじめは全四ページ、刷り部数三〇〇でスタートしたそれは、まもなく六ページから八ページへと増量し、やがて刷り部数は最高時一万九〇〇〇に達した。

5

渡辺栄蔵の手記に「確約書組」とあるのは、一任派の患者たちのことだ。では「確約書」とはどういうものかというと、厚生省が捺印してもらうばかりの状態にして患者互助会に提出を求めた、補償処理委員会の斡旋に従わせるための誓約書のことだ。

同文書をめぐっては、チッソ側が文書を書いて、それをそのまま厚生省が互助会にしめしたのに違いないと見られていたが、のちに参議院での証言によって、それが事実であったことが判明する。文書には、このように書かれていた。

〈私たちが厚生省に、水俣病にかかる紛争処理をお願いするに当りましては、これをお引受け下さる委員の人選についてはご一任し、解決に至るまでの過程で、委員が当事者双方からよく事情を聞き、また双方の意見を調整しながら論議をつくした上で委員が出して下さる結論には異議なく従うことを確約します〉

チッソと国が一体となって、水俣病事件のすべてを補償処理委の手で葬り去ろうとしていることは、疑いようのない事実であった。

処理委による第三者斡旋は、一九七〇年五月二十五日にひらかれることになっていた。告発する会は、なんとしてもこれを食い止めようと連日議論をした。渡辺京二が「東京行動」と名付けたそれは、「自分の肉体的存在というひとつの直接性をそこにこたえることによって、処理委の回答を阻止する」というものであったが、平べったく言えば、処理委のひらかれる会場に乗り込み、そこにみずからの肉体を横たえて斡旋交渉をさせぬよう占拠するという実力闘争のことである。〝討ち入り〟なのである。

私は福岡で図書出版石風社を営んでいる福元満治から、おもしろい話を聞いた。熊本大学の全共闘リーダーであった彼は友人に誘われて、東京行動に赴こうとする者たちのために街頭カンパ活動をおこなった。そして熊大でひらかれた告発する会の会合にはじめて参加し、「全存在をかけて補償処理委員会の回答を阻止する」という勇ましい言葉を耳にして、学内の運動経験から白けていた彼は、「全存在をかけるなんて、できるはずがない」と発言した。そのとき、大声で一喝する者があった。

「小賢しいことをぬかすな。これは浪花節だ」

渡辺京二である。

これを機に福元は告発する会の一員となり、思いがけず東京行動にも参加することになるのだが、このように渡辺は、義理と人情と浪花節で突き進んでいたのである。「局面によっては死なねばならぬこともある」（「三島の『意地』」「正論」二〇一〇年十一月）とまで思いつめて――。

上京した彼らは、行動の前夜、東京在住の支援学生たちをまじえて集まり、だれが逮捕必至のこの行動に参加するかを話し合った。学生たちからつぎつぎと志願の声があがるなかで、これは患者の思いを表現せねばならない最初の行動なので、学生を前面に立たせたら学生運動の延長ととられかねないとの配慮から、熊本の大人たちが要所を占めることになった。道子も突入隊に志願したが、「足手まといになると一蹴された」（『苦海浄土』第二部「神々の村」）。

突入要員となったのは、渡辺以下、島田真祐、半田隆、福元満治といった熊本メンバーと、水俣のドキュメンタリー作品を撮ってきた映画監督の土本典昭、水俣病問題に専門家としてかかわってきた東大の宇井純ら総勢十六名であった。

五月二十五日の朝八時、日比谷公園噴水まえに集まった百二十名の熊本・東京の混成部隊は、死んだ患者たちの大きな遺影パネルを掲げて、向かいの厚生省にデモ行進を開始した。厚生省は正門、通用門、裏門などすべての出入口を鉄の扉で閉ざし、これに応戦しようとする。本田啓吉を先頭とする百名近くの部隊が「門をあけろ」「処理委員会の三人に会わせろ」と正門まえではげしいシュプレヒコールをくりひろげたのは、陽動作戦であった。警備員たちの目が集中する間隙を縫って、突入部隊は裏口にまわり込み、省内のシンパ職員の手引きによってビル内に侵入した。十六名は処理委のひらかれる五階の第四会議室になだれ込み、入口に坐り込んでスクラムを組んだ。宇井純が窓から半身を外に乗り出して、

「われわれは処理委の会場を占拠したぞ。われわれは占拠したぞ」

と、地上にいる仲間たちに知らせると、拍手がわきあがり、「われわれも闘うぞ」という声援がおこる。

会議室を占拠した部隊はマスコミの代表だけを招きいれ、「われわれはここに全身

の怒りをこめて抗議し、補償処理委員会の犯罪的回答を、全水俣病患者と四十五名の死者の名において阻止する」「チッソよ、血債を償わねばならぬ。人間の顔をした金権亡者どもはここへ出る資格はない」と、用意してきたアピールを読みあげて、自分たちの行動への理解を促した。

地上では本田が鉄の門扉によじのぼり、拡声器を通じて厚生省内の職員たちに訴えた。

〈「君たちは遠い水俣で起きていることを知っているか。国が、厚生省みずからがどのようにして、加害者チッソに加担して、水俣病患者らを、国民である水俣病患者ら、虐殺されつつある患者らを、闇に葬り去ろうとしているか。（中略）昭和三十四年、チッソと県と国が患者らの訴えを圧殺して、非人道的な低額補償を押しつけたその再現が、今また、補償処理委員会の名で、皆さんのいる厚生省の中で、今そこで患者さんらを閉じこめて、押しつけられようとしているのだ。これが許せるのか、皆さんは許せるのか。（中略）心が痛まないのか、厚生省の皆さん。門をあけろ」〉（『苦海浄土』第二部「神々の村」）

確約書に押印した患者たちが厚生省内の別室にいて、斡旋が無事に済むまで足止めされているのだった。

丸の内署から警官隊が差し向けられたのは、午前九時四十五分。床に横になって抵抗を試みる彼らは、つぎつぎとごぼう抜きにされ、一人に四人がかりで階段から引き下ろされた。十六名のうち十三名の逮捕者は、それから厚生省内に三時間ばかり拘束されたあと、護送車で丸の内署まで移送された。そのとき学生たちが護送車のまえの路上に体を投げ出して、連行を阻止しようとした。警官隊に力ずくで排除される姿を見て、島田真祐は目頭が熱くなったという。渡辺京二も、護送車のなかの一人だった。

彼らが引きたてられて行ったあと、正門まえは大騒ぎになった。「われわれが、本日ここで水俣病補償処理委員会の回答を阻止しようとするのは、それだけが全水俣病患者の真実の魂を表現する唯一の道だと信じるからである」と書き出された「死者の名において」と題するビラを、報道陣にとりかこまれながら道子は通行人に手渡していった。記者から質問をうけると、「私たちは無力です」と言い、こらえていた涙をぽろぽろとこぼした。名古屋の大学に行っている息子の道生も駆けつけて、ゼッケンをつけて坐り込んでいる。

この日の行動は、あくる日の各紙朝刊一面で大きく報じられた。テレビニュースでも大きくとりあげられた。

厚生省に抗議に向かうデモ隊の数は二百名に増えた。厚生省職員有志が二十五日と二十六日の両日、庁舎内と街頭でみずからの無知を反省し、告発する会に加担する者として、「内なる水俣病を告発しよう！」とのビラを撒いたことは、この不当な逮捕事件がいかに人びとに劇的な変化をもたらしたかを物語っている。

〈私達は厚生省に働いていながら水俣病事件の実態をあまりにも知らなさすぎたことと同時に、企業と厚生省当局が一体となって各種公害被害者をヤミからヤミへ葬り去っていきつつあることを昨日、自分の目で見、自分の耳で聴いたはずである。（中略）私達は水俣病患者から告発されている一人として、自らの内にこの告発をはらみつつ、「水俣病を告発する会」として現実に起っている矛盾を直視しようではないか。

（中略）

公害病の持つ非人間的な地獄絵のような世界を、現実に自らの手により一枚一枚めくりつつ患者との連帯を少しでも深め行動を起そうではないか〉

ビラは匿名で書かれている。いずれ特定されて、省内での立場はきびしくなるに違いない。それとわかっていながらこのような挙に出たのも、すでに暴露されている処理委の劣悪な斡旋案を、涙をのんで了承するしかない患者とその家族の気持ちをはっきりと知ったからである。そして、もうひとつ、いまさら撤回を言いだせぬその人たちのために、体を張る「義の人」たちの姿を目に焼きつけたからである。

　この最初の告発する会の行動について、なぜか道子は『苦海浄土』に詳しく描いていない。

　デモ隊は、一任派の代表を昼夜の別なく一歩も外に出さずにいる厚生省に押し寄せて、外から激励をつづけるとともに、「渡辺京二を返せ」「島田真祐を返せ」と名前を絶叫しながら、丸の内署にも押し寄せた。

「京二さん、あのときは牢名主のごとなったとでしょう」

　ある日、私が訪れた居室で道子が言った。

「牢名主なんて、あなた、留置所にはいってみたら、先客は掏摸《すり》と詐欺師の二人ですよ。どうして捕まったんだと訊かれましてね、水俣病問題だと話したら、それは立派なことじゃないかと尊敬されましてね」

「京二さんを返せって、私たちデモ隊が警察署まで行ったでしょ。声が聞こえましたか」

「聞こえてきたんでね、そしたら掏摸が四つん這いになりましてね、どうぞ背中に乗つかって外を見てくださいと言ってくれましてね。私は乗っかって、高い窓から見させてもらいましたよ」

逮捕者十三名は、完全黙秘をとおしたのち三泊四日で釈放されるのだが、留置されているあいだ、連日連夜、処理委がひらかれ、新しく修正した斡旋案を呑むよう一任派の患者代表に迫りつづけた。そこには新しく水俣市長になった浮池正基と松田漁協長が張りついており——この二人はチッソ側の〝代理人〟として上京していた——、代表たちの説得にあたっていた。

二十六日、午前零時近くまでつづいた斡旋は、代表が首を縦に振らず翌日持ち越しとなったが、それでもまるで水俣病患者であることが犯罪であるかのように解放されなかった。道子は十数名の告発する会のメンバーとともに、午前零時から二時まで厚生省の外からかわるがわる激励の声を送りつづけた。

〈「おじさんたちは何ぞ悪いことをしたとですか、本来なら厚生省の方から水俣まで来て患者さんの話を聞かなけりゃいけないのに、はるばる東京まで呼びつけられて……、きつかでしょう、ちょっとでいいけん降りて来なさいませんか、顔ば見せて下さい……」〉（「告発」号外、一九七〇年六月十四日）

病人をそこまで軟禁状態に置いていたら体がおかしくなってしまうから、と面会を求めたが、会うことは叶えられなかった。

翌二十七日午前十時十五分、患者代表はついに屈服させられて、第二次補償案に判を押した。渡辺たち逮捕者はまだ房内にいる。告発する会の代表・本田啓吉はただちに抗議弾劾集会にきりかえて、丸の内のチッソ本社まえにデモ行進をかけ、拡声器で断罪のアピールとシュプレヒコールをくり返したが、死者にたいする補償金、最高四〇〇万円での終結、彼らの「直接性」は実らなかったのだ。

しかしテレビ、ラジオ、新聞、週刊誌で大きく報道された行動は、共感の輪を劇的にひろげていった。

まもなく東京にも告発する会が生まれ、やがて京都や大阪にも生まれた。彼らは訴訟派の裁判闘争を支えていくとともに、新たに登場した川本輝夫の、裁判に訴えるのではなくチッソ本社との直接交渉一本にしぼった闘争にのぞもうとする小グループのきわめて先鋭的な行動を下支えするために、なおさらに独自色のつよい運動をくりひろげていくのである。

6

以上が、これまでまとまって書かれたことのない石牟礼道子と渡辺京二の関係史であり、告発する会の初動期の全貌である。これ以降の出来事については、『苦海浄土』第二部「神々の村」、第三部「天の魚」で十二分に描かれているので、そちらを読まれたい。

トピックス的に彼らの目立った活動を「告発」を参照して述べておくと、厚生省占拠事件から半年後の十一月二十八日、彼らは訴訟派患者たちとつれだってチッソ大阪本社の株主総会に乗り込んでいる。一株株主となった患者たちは、濃霧の向こうに隠れて長らく出てこようとしない社長の江頭豊をつかまえて、直接思いをぶつけようとする。

会場に着席した異様な一団の姿に、最前列をかためた総会屋も会社側株主たちも息を呑んだ。頭には菅笠、首から下は白い巡礼着。告発する会のメンバーは、黒地に白抜きで「怨」と染めぬかれた不気味な幟《のぼり》を掲げている。

本田啓吉が患者とその家族に向かって決死の覚悟を告げる。

「患者さんの発言の場を絶対に確保したいと思います。たとえ機動隊に殴られても、右翼に刺されても、患者さんに発言してもらうという目的を貫くことを確認したいと思います」

いっせいに拍手がわく。

彼らは起立して、二分間の黙禱を捧げた。場内は静まりかえり、御詠歌が歌われはじめると、あちこちからすすり泣く声が洩れてきた。

人のこの世は永くして
かはらぬ春とおもへども
はかなき夢となりにけり
あつき涙のまごころを
みたまの前に捧げつつ
おもかげしのぶもかなしけれ……

ステージでは緞帳《どんちょう》があがり、社長の江頭豊以下役員たちが横一列にずらりと姿をあらわした。患者たちは位牌を胸に、鉦《かね》を打ち鳴らし御詠歌を歌いながら、ステージに向かう。社員たちが防衛線を張るが、巡礼団の気迫に押し込まれてずるずると後退した。本田を先頭に告発する会のメンバーは壇上に駆けあがり、患者たちを招じ入れた。

クライマックスは、決算報告議決後の説明会で江頭社長が、「水俣病につきましては、私ども、患者の皆様方にまことにお気の毒と思っております。責任を回避するが如き気持ちは毛頭ありません。しかし、原因がまだ当社に起因することがわからない時……」と言いだしたとき、「嘘ばいうな！」「鬼！　人間かお前は！」と、患者たちから怒号が発せられてからだ。

いったんステージを下りて席にもどっていた彼らは、「すなわち患者の方々には誠意をもって円満な解決を計ることを……（ヤジで打消される）……責任を回避するような気持ちはどこにもありません。次に二番目の水俣工場を閉鎖するかというご質問につきましては……」と江頭社長が責任論を打ち切ろうとしたので、「待てえっ」と怒号をあげた。告発する会のメンバーがふたたび壇上に駆けあがり、それにつづいて患者たちが御詠歌を響かせながら静かにステージに迫った。

役員たちは舞台裏に隠れてしまっている。社長も逃げ出そうとしたが、告発する会に取り押さえられて、背広も脱げかけた状態で引き立てられ、みなのまえに連れもどされた。告発する会は全員で腕と腕をスクラムでかため、社長をとりかこみ、患者たちを正面から社長と対峙させた。

ここから先は『苦海浄土』に譲ろう。言い添えておかなければならないのは、積年の怨みの声を患者たちが投げつけるのは、公害認定後、羊羹《ようかん》三本を添えた詫び状を江頭社長が患者たちに送ったとき、書面には「厚生省は水俣病を当社に起因する公害と発表されました」とはっきりと書かれているのに、すでに見てきたように江頭チッソは工場移転などをちらつかせ——実際に堺市に建設計画を打診したが拒否されている——、処理委を厚生省につくらせて、あたかも患者たちの死を待ち望むかのような態度をとりつづけてきたからである。

株主総会の場で江頭社長は床に正座をさせられ、「飲め、水銀ば飲め！」と患者たちにすがりつかれ、普段は物静かでほとんどしゃべらぬ患者の浜元フミヨに二柱の位牌をつきつけられ、「両親でございますぞ。弟は片輪ぞ。親がほしい子どもの気持ちがわかるか」と迫られて、ものも言えずへらへらと薄笑いを浮かべる。

この場には、まだ水俣病患者として認定されていない川本輝夫もいて、あまりの情けなさに泣き出しながら、「なんかほんとにわからせる方法はなかもんじゃろうか」と、傍らの告発する会会員に訴えている。

この言葉が患者たちの真情を端的にあらわしていた。彼らがいきりたち頑是ない子どものように泣き叫ぶのは、どうして裁判に社長本人が出廷しないのか、書面や口頭では謝罪の言葉を述べているのに、なぜ裁判所では謝罪の言葉ひとつなく争おうとするのか、人を大勢殺し、いまも苦しめ殺しつづけている人間の、それがやることかと、まるで理解できないからであった。

「社長、わたしは……、水俣の従業員です。ちゃんとしてくれなければ、恥かしかです。よかですか」

と、社長の肩を抱くようにして語りかけたのは、来年クビを切られようとしている水俣工場の労組員であった。社長はなにもこたえられなかった。

こうしたシーンを渡辺京二も現場で目撃していた。道子は拡声器を手に呼びかけた。

「みなさん、これ以上は無意味です。あとは天下の眼がさばいてくれるでしょう。私たちは水俣へ帰りましょう」

壇上を渦巻のように支配していた一団は、この言葉をしおに会場をあとにした。

渡辺は、このようにふり返っている。

〈われわれは総会乗りこみをチッソの威信への打撃としてとらえており、その意味で目的は果たされたと考えた。しかし、おなじ柳の下にドジョウはいない。次期以降の総会との取り組みについて、熊本は、防衛体制を敷くであろうチッソに実力で打撃を加えられる主体的条件が整備されぬかぎり、夢よもう一度式の安易な取り組みは許されぬと考えた。七一年五月総会直前、熊本は総会ボイコット戦術を打ち出したが、患者が再度出席の意志を明らかにしたため、患者防衛部隊のみ会場に派遣した。五月総会はチッソのガードマンに圧倒され、無惨な結果に終った。この熊本のボイコット戦術に東京告発と大阪告発は強く反撥、つづく十一月総会は熊本の再度ボイコットのもとに、東京・大阪・京都などを中心に患者の出席なしに取り組まれた〉（前掲『水俣病闘争 わが死民』解説）

しかし、このような低調な総会乗り込み戦術の陰で、七一年には重大な事態が進行していた、と渡辺は書く。

熊本告発する会のメンバーの与り知《あずか》らぬところで、川本輝夫による孤独で地道な活動が、挫折をくり返しながらようやく実を結びつつあったのだ。

7

川本輝夫はときに隣県の出水市まで自転車を走らせて、潜在患者の掘り起こしに汗を流していた。だいぶ以前から運動側は住民一斉検診の実施やきびしすぎる認定基準の改善などを県に求めてきたが、聞きいれてもらえぬなかで、彼は精神病院で悶え狂って死んだ実父が、動脈硬化症などではなく水俣病で死んだと確信しており、自分でも一九五六年ごろから、手足のしびれ、足や舌のこわばりなど同病の症状を自覚していた。

一九六八年に最初の認定申請をしたが却下され、このときから地道な潜在患者の掘り起こしが開始されたのだ。

自分同様に却下された十二名の患者と保留にされた三名の患者の家々を直接訪ねられるところは訪ね、遠方には手紙で再申請をすすめた。そのいっぽうで、水俣病多発地域と呼ばれる地元の月浦《つきのうら》をはじめ、湯堂、茂道の各部落を一軒一軒めぐり、奇病呼ばわりされたころに隠れて治療をうけた者はいないか、家族の病歴はどうか、現在の病状はどうか、と膝詰めで話を聞き、明らかにそれだとわかる病者を見出しては認定申請をするよう訴えた。けれども、隣近所に気兼ねして申請をとりやめたり、診察を途中でやめてしまう者が続出した。この世のものとは思えぬそれらの家々の悲惨な光景を目の当たりにしてきた川本は、頭を抱えた。

川本輝夫の著書『水俣病誌』（世織書房）には、拒否の理由を尋ねまわる川本に、「口ごもりながら」それぞれの事情を述べる患者と家族の痛ましい言葉がしるされる。一九七一年七月二十五日付の「告発」の座談会では、以下のように川本が述べている。

（掘り起こし活動は）胎児性患者の母親や家族から始めました。松本久美子ちゃんのお母さんなんか熊大につきそいに行っている頃、かくれて注射までうっていたというし、この人なんか絶対まちがいないと思っていた。そこでお母さんには申請を出すようにしてもらったけれど、お父さんは、「わしが家から二人も三人も出るのはあんまりじゃ」というて断んなはった。その頃は自転車で廻りよったですもんな。南は出水市の名古《なご》あたりまで。（中略）以前水俣に住んでいて今は熊本市に移っとる人の娘さんが胎児性にまちがいないとですが、その人など市立病院のケースワーカーも教えてくれん住所をやっと探しあて、お父さんと長いこと電話で話したけれど、結局娘に水俣病の名がつくと学校でも差別されるというんですね。暗然としたですなア。（中略）

私は一番ショックだったのは諫山タカ子さんを見た時ですね。もうほんとに田中敏昌君や上村智子ちゃんと同じですもん。こんなのが今まで放っておかれたのかと思うと、思わず泣いてしもうたですな。佐藤ヤエさんも十年前は杖をついて歩けたのに、今度会ったらいざるような格好です。行けば行くほどショックをうけるような話ばかりで。

胎児性患者のお母さんはみんな症状は同じですね。ものをとり落とす、疲れやすい。（中略）話しこんでいるうちに、だんだん子どもの将来に対する不安やら自分の体の心配やらうちあけてくれた。それでもなかなか申請するとまでは言われんもんな。こんど申請した滝下フジエさん夫婦、森本さん夫婦など一度は申請したけれども途中でやめてしまった。そんな風で一度申請しても診察を受けに行かん人が多いもんだから、市立病院からは私のところへ文句いうてくるんです。大橋院長なんか「申請しゅうごつなかったばってん、あんたが行けちゅうけん来たという人が大分おる」というですもん。もうはがいかやら情なかやら……。前島武義さんの奥さんも申請したけれど、オヤジに「お前まで水俣病になってどがんするか」とおこられて途中でやめた。

彼らが申請を出しづらかったのは、補償金ほしさだと言われるのがいやだったからだけではない。皮膚に針を突き刺すようなつらい審査をまたうけたところで、どうせ却下されるに決まっている、自分や家族に残るのは汚名だけではないか――といった考えかたが、すっかり植物の根のように深く張りついてしまっていたからだ。

それでもあきらめずに各戸をまわりつづけるのは、はやく救済しなければみんな生活苦や介護苦にあえがされたあげく、もがき苦しんで死んでしまうとあせっていたからである。

私は熊本県が頑固に拒否し続けていた一斉検診を、私は私なりの力で一斉検診に近づくような方法をとらざるを得ないと思い、極力余暇をみては、家事を放り出して訪ねまわった。子供や妻からは「今夜も出るのか」と恨めしげに聞かれたことも再々あった。しかし私は、何かに追い立てられているような気持ちであった。

川本輝夫『水俣病誌』

一任派の会長は叔父の山本亦由《またよし》であった。彼からは「裁判派の家族だけしか川本は面倒をみない」と言われ、陰口のひどいものになると、「認定申請を手伝ってまわるのは、補償金の口銭《こうせん》取りをしているのだ」というものもあったという。

けっして生活にゆとりがあるわけではない。本人はチッソ工場の臨時工を解雇され、週に七〇〇円ばかりの失業保険で家計を支えたあと、近くにできた精神病院の看護人見習いとなって、月給八〇〇〇円で働きだした。准看護学校にも通いだし、中学を卒業したばかりの少女たちにまじって二年間勉強したのち、准看護士の資格を得た。その間、生活保護をうけたこともある。

実父が死を迎えたのは、彼の働く精神病院の保護室である。すでに寝たきりになっていた実父は、はげしい妄想に苛《さいな》まれ、大小便たれ流しの状態だった。この病院に勤めたのも、家での介護に夫婦ともども疲れ果て、ちょうど精神病院ができたので、実父をそこに入れれば自分も面倒をみられると考えたからだ。

コンクリートの冷たい壁に囲まれた、ベッドもない板張りの保護室に入れられたのは、劇症患者であるがゆえの措置であった。錯乱状態は急激にすすみ、巡回でようすを見に行っても、自分の息子であることさえわからなくなっていた。実父は床を這いずりまわり、苦しみもがいて、コンクリートの壁に爪をたてて引っ掻く。息を引きとったのは、一九六五（昭和四十）年四月十四日。川本は遺体にとりすがり、「優しいいたわりの言葉一つもかけてやらなかった自分が悔やまれてなら」ず、「生前の不孝と子としての至らなさ」（前掲『水俣病誌』）を詫びて泣きじゃくった。

いっぽう、妻のミヤ子はそうたくさん魚を食べるわけでもないのに、長男の愛一郎を出産したあと、つぎに妊娠した子を流産していた。それは一九六〇年四月の夜のことで、川本が病院に担ぎ込んでみると、医者に「胞状奇胎」だと告げられた。俗に「ぶどう子」と呼ばれる、ぶどうの房に似た小さなわが子の肉塊を医者は見せて、「原因は現在の医学でもわからない」と言った。

自転車で走りまわる先々で、妊婦の流産や死産、異常分娩といった同様の恐ろしい出来事が多発している事実を知った川本は、山育ちのミヤ子もまさか……と、十年ほどまえ自分ら夫婦に生起した不気味な出来事を思い出した。また、自殺や自殺未遂が相次いでいたことも知って、実父が首を吊ろうとして危ういところでミヤ子に止められたことも思い出した。それぞれの家族の経験が、ひとつながりになる。

川本は結果として一任派、訴訟派を問わず新規申請を死亡者の分もふくめて三十数名集めることができた。しかし、そのうちの約半数が申請や診察をとりやめてしまった。そうして熊本地裁に訴訟派患者らが提訴した六九年六月十四日、川本の月浦の家には六名のさまざまな病態の患者やその家族が集まり、全員で一括申請しようとの方針をかためた。川本はその後も動きまわり、同年九月には二十八名の申請者をまとめ、審査を申請した。彼がまとめたのとは別の申請者と合わせて計三十二名のなかから審査会が水俣病と認定したのはわずか五名でしかなかった。川本はまた否定されたのである。

八名の患者とともに行政不服審査請求に踏み切ったのは、七〇年八月のことだ。これには東京と熊本の水俣病研究会が積極的に協力し、翌年三月には、熊本県の「弁明書」にたいして膨大な「反論書」を提出し、これまでの認定基準となってきた審査会の水俣病概念を徹底的に批判し、医学・行政・チッソ資本が一体となって潜在患者をつくりだしてきた事実をあますところなく暴露してみせた。

環境庁は、川本ら九人の請求に裁決を下した。否決を取り消し、再審査を命じた。これにより熊本県と鹿児島県の審査委員会は新しい認定基準を設け、川本をふくむ十八名を新たに認定した。

彼らは「新認定患者」と呼ばれるようになり、行政闘争にはじめて勝利した患者集団として独特の光芒を放つことになった。環境庁の裁決趣旨には「有機水銀の影響の疑いある者は認定する」、「補償問題にとらわれず認定せよ」というものがあって、水俣病に苦しむ人びとにとって大きな前進には違いなかった。

ところが、こうした文言をチッソ側は悪用した。前者の文言については、これは「疑わしきは認定せよ」ということであって、新認定患者のなかには患者かどうか疑わしい者がまぎれ込んでいる、などと宣伝した。後者の文言をめぐっては、これは認定即補償を意味しないと言っているのだと趣旨を都合よく歪曲し、これまでの患者と新認定患者とでは性格が違うということを印象づけて、分断に利用しようとした。

川本はしかし、全然別のところを見ていた。株主総会に乗り込んだとき、「なんかほんとにわからせる方法はなかもんじゃろうか」と泣きじゃくった彼は、「おおかたの予想もせぬところ」（渡辺京二、前掲『わが死民』解説）を見ていたのだ。裁判に訴えたところで、誤魔化されつづけ、いたずらに時間を空費させられるばかり。晴れて認定患者となった十七名と川本はただちに会合をもち、自分たちは裁判も第三者機関も通さず直接チッソ本体と交渉し、謝罪と補償を勝ちとろうではないかと、「画期的な大事件」（同、渡辺）に発展する自主交渉方針を固めたのである。

8

川本輝夫は、父親や、叔父叔母や幼な友達や、近所隣りや、目につく限り耳につく限り心のとどくかぎり、部落の隅々に這いまわっている患者たちの魂とともに常にあった。

「おらぁ、あのひとたちより軽か方じゃ」

と彼はおもいながら、その軽いとおもっている全身全霊の中に、チッソの病いを病んでいた。自分一個の水俣病でなく、そのようなすべての患者たちの病患を曳きずって、彼は水俣病を名乗り出た。

石牟礼道子『苦海浄土』第三部「天の魚」

このような川本輝夫と彼のグループを、道子はどこまでも支えていきたいと願った。渡辺もまた、つぎのような理由から、彼らの自主交渉を貫徹させたいと願っていた。

自主交渉という言葉には、いわば水俣病問題の全史がこめられている。この言葉は、六八年秋の厚生省による公害認定のあとの患者総会ではじめて使用された。自主交渉とは第三者の調停によらない、チッソとのあいたいの直接補償交渉という意味で、こういう言葉が用語として定着したこと自体、チッソがいかに患者と直接話し合うことを回避して、解決を第三者に依頼して来たかということを物語っている。すなわち五九年に当時の患者互助会は、工場前に坐りこんで補償を求めたが、チッソから原因が分らない以上補償には応じられぬと拒否され、結局、寺本熊本県知事の調停によって悪名高い見舞金契約をおしつけられた。六八年にはこの苦い経験に学んで、まず自主交渉という路線が設定されたわけだが、チッソの拒否に会《ママ》って行き詰ったまま、資本・行政が一体化した工作によってやがて一任派、訴訟派に分裂、一任派は補償処理委の調停によって見舞金契約の延長にすぎぬ低額〝補償〟

をのむことになった。しかし、自主交渉のねがいは訴訟提起の後もまだ生きつづけていた。七一年四月に認定された荒木・築地原・諫山の三家族は自主交渉を提起し、チッソと会談をもったが、打開のメドが立たぬまま訴訟に踏み切った。このように自主交渉は水俣病の歴史上しばしば試みられては挫折して来たわけであり、それを試みなかったものにとっても果せぬ夢であったという意味において、全水俣病患者の宿願であり、悲願であったのである。

渡辺京二『わが死民』「私説自主交渉闘争」

以後、熊本の告発する会は、訴訟派の裁判闘争を支えるいっぽうで、川本グループの行動に捨て身の支援を開始する。その一部始終については、川本を主人公に描いた『苦海浄土』第三部「天の魚」に詳しい。ここでは渡辺の「私説自主交渉闘争」ほか「告発」記事などを参考に要点をしるすにとどめる。

とはいえ、それは、ディテールをすっ飛ばしてしるすのが忍びないくらい、豊富なエピソードと深い考察や洞察に満ちている。はじめて自主交渉の矢面に立った川本グループ十八家族と彼らの防衛隊である熊本告発する会の行動は、いっけん乱暴に見えながら、たいへん戦略的で、戦術的で、ドラマチックでもあり、なおかつたくさんの不知火の言霊をそれぞれの身内に内包するとともに、それらを多方面に飛び散らせ、全国的な共感を呼び込んでいくのである。

その覚悟について渡辺は、「地獄の底まで患者と行をともにする」（「闘いは地獄の底まで」「告発」七〇年六月二十五日）と書いている。のっぴきならぬ心根のもちようは、おのずと政治党派型闘争に拘泥する弁護団や支援グループと一線を画す事態をもたらした。たとえば、すでに見たように、弁護団発案の株主総会乗り込み戦術については、第二回からボイコットしている。二四目のドジョウにありつこうとしても、敵は強大な防衛隊を準備して徹底的に排除するだろう。会場の外で患者に鉦を鳴らさせ、御詠歌を歌わせるのか。患者たちの本願の表現にはなり得るはずがないとして、東京や大阪の告発する会とも距離が生まれたのである。

「熊本告発は独善的であるとか、火つけ役になって最後まで責任をもたぬとか、患者に近いからとのぼせているとか、いろんな非難があった」（守田隆志「告発」縮刷版、編集雑感）なかで、絵にもならぬそんなことをつづけたら患者たちを無残な思いに沈ませるだけだ、と彼らは再三忠告した。結果として総会乗り込み戦術はあえなく失敗していくわけであるが、「一株運動に全く盲目的にかみついていった連中」からは、「患者さん、患者さんといつまでも患者によりかかっていては、これから先の運動ができない」(同)という本音が吐き出された。「患者さん、患者さん」と言い、彼らの本懐を遂げさせるために地獄の底まで行をともにしようとする「心中志願者集団」(渡辺)たる熊本告発する会は、「患者たち以上に狂気じみている」とまで言われた自主交渉支援闘争をくりひろげ、そして成就へと導いていくのだ。

渡辺の「私説自主交渉闘争」をなぞってみると、熊本告発する会は一九七一年十月二十五日、チッソ水俣支社長室を占拠して、自主交渉受諾の要求をつきつける行動を計画し、全九州の告発メンバー八十名を糾合して、工場正門を乗り越え、事務棟まえで四時間の坐り込みを決行した。彼らの手からばら撒かれたビラには、
〈ゆえなく親子兄弟を虐殺され、自分自身を片輪にされたものは、加害者を目の前にひきすえ、たとえ彼らが破産しようと納得のいく謝罪の金を積ませる権利がある。この権利を否認することはたとえ国家権力であろうとできない〉
と書かれた箇所があり、やはり今回も逮捕覚悟であることを窺わせた。

しかし事前に行動が察知されており、支社長や工場長は不在、事務棟の扉は閉められていた。加えて機動隊百五十名が配置されていたが、厚生省占拠事件のさいに排除と検挙にあたったことがむしろ患者と告発する会側に有利に展開していったという

教訓があるためか、指一本触れずに終わった。かわって会社側に動員された第二組合員とはげしい揉みあい、蹴りあいを演じながら、渡辺らは撤退せざるを得なかった。後日あらためて患者と会社の会談を設定するとの言質《げんち》を会社側からとって。

十一月一日におこなわれたその会談で、患者側は、「一律三千万円の補償をせよ、年齢・症度による差別は許さない」という、「水俣病闘争史上画期的な要求をぶっつけた」。チッソ側の驚愕と動揺ぶりは、「補償の基準がわからぬ以上十万円といえども払えぬ、という久我取締役の発言にありありと浮き出て」いた。

当時の三〇〇〇万円はたしかに高額であるが、その中身について川本グループは、「過去十数年間見殺し同様にされた、また将来にわたって強いられる生殺しの命と健康と暮しの代償」であり、症状・年齢による差別を認めないというのは、「およそ人間の苦しみ、悩みや、肉体的苦痛を『症状で四段階に分け、年齢で四段階に分ける』処理はイヤ」だという意味をこめていた。

チッソはこれを拒否し、中央公害審査会での調停にまかせたいと表明。川本ら十八家族は同日夕刻から工場正門わきにテントを張って坐り込みを開始した。こうして自主交渉の口火が切られた。

同行動にたいして、市内の保守グループや共産党から新聞折込ビラを利用した中傷攻撃が波状的にかけられた。株主総会後、会長に退いた江頭豊にかわって新社長になった嶋田賢一は、坐り込みの現場に東京からやって来て、テント内に坐り込む患者たちとにこやかに言葉を交わしたが、市民大会では文化センターの建設など三億九〇〇〇万円の寄付をする旨を発表し、自主交渉グループを孤立化へと追い込んでいこうとした。

このままいくら坐り込みをしてもなにも動かないと川本は見切り、東京本社に乗り込んで直接社長と対決するほかないと、上京の意志を告発する会に伝えた。告発する会は同意するとともに、本社占拠の行動方針を決定し、準備にとりかかった。

9

「しかし、われわれは川本さんたち坐りこみ患者の自主交渉にかけた決意について、十分な認識をもっていなかった」と、渡辺は打ち明けている。なぜなら、まさか彼らの坐り込みが一年を超えて二年になろうかというくらい長く敢行されるとは思ってもみなかったからだ。「やれるだけやったあとで、裁判に移行するつもりではないかと」渡辺は考えており、したがって「東京行動は短期間」で終わると踏んでいた。

川本輝夫、佐藤武春、石田勝、森潔、金子直義、柳田タマ子の六名の新規認定患者代表は、十二月六日午後、到着した東京駅から筵旗《むしろ》を先頭にチッソ本社へ向かった。社長不在でもの別れになると、翌日ふたたび本社を訪れ、嶋田社長に要求書を手渡した。そのつぎの日の午前、患者たちは不退転の覚悟で社長との会談にのぞんだ。渡辺ら告発する会は、会談の会場である役員応接室を中心に本社の中枢部を占拠し、交渉の支援態勢をかためた。熊本隊五十名を中心に二百名の部隊が秘書室や社長室、廊下を埋め尽くすと、黒地に白で染めぬかれた「水俣死民」のゼッケンを身につけた。

〈廊下に坐りこんだ瞬間、私には、いま始った闘争がけっして私の想定したような性質のものでありえないということが、はっきりとわかった。また、川本さんたちの志向がどのような深所から発し、どのような頑強不屈さとなって表われるものかということも、籠城の時間経過とともに、水が地面に吸いこまれるように、自然と私の心にしみとおった〉

ちょうどそのとき応接室では、川本が社長に血書を迫っていた。

〈応接室のドアが開いた瞬間、泣きながら社長に迫る川本さんの凄絶な姿がちらりと見え、私は一瞬総毛立つ思いに襲われた。（中略）あいも変らぬ中公審路線の表明に対し、患者は「今日はそんな話を聞きに来たのではない。具体的な回答があるまで帰らぬつもりで来たのだ」と口ぐちに言いつのった〉(以上、「私説自主交渉闘争」)

この直接交渉は十三時間に及ぶのであるが、ここからの詳細は『苦海浄土』第三部に譲ろう。石牟礼道子は記録者として患者たちに寄り添い、応接室にいた。そこで録音されたテープは熊本に送られ、「告発」メンバーの熊大生・守田隆志によって文字に起こされた。私は守田が「編集雑感」に書いたそれをめぐる文章を引いておきたい。彼は「告発」にこの記録を載せる作業のため上京できず、熊本に残留していたのだ。現場に立ち会えなかった者として、耳で聞く直接交渉の迫力とはどういうものであったのだろうか。

> それは何とも形容しがたい気魄と刻々の感動に彩られた対決であった。自分は必死でノートにそれらの言葉や野次や音声の全てを走り書きしていった。患者さんたちの叫びが胸に食い入るようだった。島田《ママ》社長も入江ら他の専務連中も馬鹿のひとつ覚えのように中公審での解決をくりかえして直接補償交渉を拒み続けた。そして一方的に会談を打ち切り、社長はドクターストップで運び出されていく。(中略)
> それは実に凄まじい光景であった。
> 川本　ウウッ残念じゃあ。

佐藤　あんたたちに本当の誠意があっとなら、こうして社長は具合が悪いから、あとは私たちが引き受けてやります、と言わんですか。

専務　それはね、重要な問題ですから、社長がいないと……。

川本　かえれ、もう……かえれえ！　話相手にゃもうならん。もう、ウウウ……よかもう……。

専務　よくわかります、川本さん、泣かんで下さい。

川本　かえれ、早よ、もう、十何時間話してなにもならんじゃないか。

専務　……。

　このあと、川本さんは嗚咽しながらいつのまにか誰にも語ることのなかった自分の過去を語り出した。聞きながら自分まで泣けてしまった。父親（川本嘉藤太、昭和四十年四月、水俣保養院にて錯乱状態のまま死亡。ついに水俣病と認定されていない）の死を深くかき抱き続けたその子川本輝夫さん、その晴れることのない無念の闇。

そして、さらに自分の胸を打ったのは最後の次の言葉だった。

川本　おれも看護夫《ママ》さんのはしくれやっで、具合の悪かぐらいわかるよ、狭心症がどげんとか、高血圧がどのくらいかぐら……なんしょっとか担架は、入江さん、早よ。

目には目、の償いを終えていないチッソはここでいかなることがあろうと出てはならなかった。なのにこの救われぬチッソに患者さんたちはどこまでも、対人間としての〝あいたい〟の仕方を通した。このことが、自分が水俣病の闘いに、ひとつの奇異な、そして掬《すく》われるような感触を覚える原因なのかもしれないなと思った。水俣病を告発する会の人たちはそれぞれに捉え方こそ違え、患者さんの闘いの中に「反公害闘争」などという視点からはとうてい視ることのできない質を視とっている。それが彼らをして、（ええい、行くところまで行くぞ）と思わしめる。

一種のきつね憑き集団がここに生まれる。

食事は米ひと粒だにとらず、長時間に及んだ交渉で、嶋田社長は持病の高血圧症状が出て長々と横になっている。でも彼だけではない。重症患者たちもばたばたと横に倒れていた。チッソ幹部は社長のために救急車を呼んだが、患者たちのためにはなにもしなかった。「俺が、鬼か」と川本は横たわる社長にすがりつき、涙を流しながら、はじめて仲間にさえ語らなかった自分の父親の最期の姿を言いつのり、そしてあきらめて、「なんしょっとか担架は」と入江専務を促すのである。

見殺しにしてきた者を、見殺しにされてきた者が、「はやく担架を」と言って助けようとする。守田隆志はそこに「ひとつの奇異な、そして掬われるような感触を覚え」たという。「眼には眼を」の同態復讐法で迫りつづけてきた鬼が、なにかいっぺんに転生を遂げ、ふたたび人間らしい輝きを放つ瞬間に接して、どこまでもこの人たちと行をともにしようと思うのだった。

この「きつね憑き集団」は、川本グループがチッソ本社まえで坐り込みをはじめるや自分たちも当然のことのように同道し、一年八ヵ月後の一九七三年七月、患者各派が補償協定書に調印するまで坐り込みを解かなかった。前記の川本愛一郎インタビューに出てくる、高校合格の祝電が打たれたのはこのときのことである。

もちろん渡辺と道子も坐り込むばかりでなく、闘争の記録『わが死民』をつくり、印税を全額坐り込みの資金にあてるなど財政面での支援にも腕を振るった。それに彼らのもとには、東京行動開始以来、年明けの二月下旬までに七〇〇万円以上のカンパが集まった。「告発」も売れに売れた。この時期、発行部数は一万九〇〇〇部に達した。

「渡辺さんの存在を、ほとんどの患者さんたちは知りませんでした。それほど渡辺さんは表立ったことはなさらなかったんです」

これは道子が私に話してくれたこと。池見哲司『水俣病闘争の軌跡』（緑風出版）には、道子のこんなコメントが載っている。

〈「経営なさってた塾も放棄して大変だったんですけど、そんなことはおくびにも出さずに、ガリ版を切るとか、封筒の封をするとか、黙々と下働きをなさってね。傍聴券を手に入れるのに並ぶのも真っ先。若い人たちは嫌でも士気が高まりますよ」〉

「告発」は一九七三年八月二十五日発行の四十九号をもって終了する。それはこれまでつづいてきた訴訟派の裁判が、原告側の全面勝訴で幕を閉じたのを契機とする。熊本地裁はチッソの賠償責任を明示し、一六〇〇万円から一八〇〇万円まで慰謝料を三ランクに分けた。騙し討ちに等しい、悪名高き一九五九年の見舞金契約についても「公序良俗に反する」と一蹴した。これにたいしてチッソは控訴を断念したのである。

訴訟派はその足で上京し、自主交渉派と合流、新しく東京交渉団を結成し、直接チッソと今後の医療費や生活費などの補償交渉にあたった。自主交渉派は歩調をあわせ、損害賠償の額を訴訟派と同じでよしとした。

チッソ側が途中から逃亡したりして、なかなかうまくいかなかったが、七十日間にわたる本社占拠を経て妥結をみたのだった。

自主交渉派への慰謝料の額も判決と同じ。毎月の調整手当が二万円から六万円で、物価スライド方式（これによって医療費・介護手当などの恒久的な補償となる）とした。

加えてさらに「以後の認定患者にも適用」との確認を取り交わした。

自主交渉派は補償協定調印から三日後、一年八ヵ月にわたった本社まえの坐り込みテントを撤収した。水俣工場まえのテントも一年九ヵ月ぶりに撤収した。

これをもって闘争支援をもっぱらの目的としてきた「告発」は、患者の生活支援重視の「水俣」に生まれ変わった。と同時に、渡辺京二も自分の仕事へもどって行った。

すでに「告発」の仲間たちは、不知火海を見下ろす丘陵に土地を見つけ、自分たちで稼ぎ出した金やカンパ、助成を集めて、患者のケアと農園経営などをすすめる水俣病センター相思社の建設のめどを立てていた。本田啓吉が命名したこの相思社で、川本輝夫と私は会ったのである。

10

しかしながら、その後の川本輝夫の歩みは、苦しみに彩られたものであったようだ。チッソ側からの猛烈な切り崩し工作によって、脱落者があらわれてくる。以下、川本の妻ミヤ子がおこなった「語り部の会」の講話を引いてみるが、私はこの録音の起こしを読みながら、身ぐるみ剝がされていくような川本の孤独に触れて胸が苦しくなった。

*

（チッソとの補償協定を取り交わすまでには）会社からの切り崩しがありました。同じ苦しみを味わってきた患者のなかでも、切り崩しがあったり、分裂があったり、主人たちの患者さんを助ける運動は並大抵のことではなかったのです。

昭和四十七（一九七二）年が明けた一月三日、高血圧でダウンしたチッソ社長が水俣にやって来て、市長や旧認定患者の主だったところをまわり、「川本たち自主交渉派は患者の一部にすぎない」と強調してまわり、患者の切り崩しをおこない、主人たちのグループを解体させ、目障りな運動をやめさせようとしたのです。これに呼応して、主人たちを過激派と非難する声も高まり、主人たちの運動は孤立化をはじめていったのです。

また、会社側はお金をちらつかせ、自主交渉派から出るよう言ってまわりました。また、水俣工場まえの坐り込みをやめさせようと、支援者にもお金をちらつかせたりしていました。

その結果、はじめから主人たちと潜在患者掘り起こし、自主交渉とやってきて、チッソ本社ではみずからの小指を切って社長に血書までつきつけた胎児性患者の父親が、主人に「もう疲れた。自主交渉はやめる」と言ってきました。結局、会社側の二十万円に目がくらみ、信じていた親友が患者切り崩しの第一号となったのです。

三月、仲間である自主交渉派の患者家族をわざわざ隣町の湯浦の宮崎旅館に呼び出し、「さらに二十万円を上積みするから運動をやめないか」と誘いをかけてきたのです。その後も「引っ越しにはお金がかかってたいへんでしょうから、相談に乗りましょう」とか、「娘さんの就職の相談に乗りましょう」とか、あらゆる手段で患者切り崩しをしてまわったのです。

そんなことで、自主交渉も空中分解してしまいました。最後に残った主人と佐藤武春さんはヤケ酒を酌み交わしながら、「このまま泣き寝入りはできん。二人でやろうじゃないか。仮に負けても、百億円近い資本金をもった大会社を揺さぶっただけでもよかじゃなかか」。佐藤さんにそう主人は励まされ、大いに勇気が出たそうです。

翌日から二人は自主交渉から降りた患者の家を訪ね、「もう少し頑張ろう」と話をしてまわったのです。するとほとんどの人から、「自主交渉を必ずしもやめたがっていたんじゃない」という返事が返ってきました。気をよくして新たな決意で再出発することになった自主交渉派の会合には、十二人が出席してくれました。しかしそこには、患者切り崩し第一号となった、かつての親友の姿はありませんでした。

こんな切り崩しなどに負けず、輝夫は一年九ヵ月にわたった交渉で水俣病補償協定書の取り交わしを終え、東京本社まえのテントをたたみ、水俣にもどって来ました。主人が坐り込みの記念にと家のまえに植えた桜は、毎年春にはきれいな花を咲かせております。主人が坐り込みまでして勝ちとった記念の桜です。大事にしたいと思っています。

主人が家にいないとき、残された家族は主人たちの運動に反対する人たちから嫌がらせをうけていました。夜の十二時を過ぎると電話は鳴りっぱなし、家のまわりでは人の声や、雨戸をなにかで引っ掻く音、板戸を揺さぶる音がしました。ひと晩中眠れません。こんなことが毎晩つづくんです。子どもには、着の身着のままで、枕元には懐中電気を一本ずつもたせて休ませました。玄関から人が来たときには、裏口から逃げるように言い聞かせて休ませました。

ある日、私が仕事から帰って来たら、娘が泣いているのです。わけを聞いたら、「母ちゃん、家のなかを見て」と言うのです。家のなかは水浸し。襖も障子も剝がれ落ち、畳の間も水浸しでした。だれかが嫌がらせに風呂の湯沸しのスイッチをいれたのです。風呂にいれておいた水は沸騰してなくなり、天井からは水滴が落ち、家じゅうが水浸しになっていました。ある朝、大きな消火器が玄関に置いてあったこともありました。たぶん、家に火をつけるぞという、脅しのつもりだったと思います。

主人は運動のさなかに三度も逮捕され、牢獄にいれられ、犯罪人扱いされました。水俣病関係の判決は三十件ぐらいですが、そのうち主人がかかわった裁判は、行政、民事、刑事で十九件、回数にして百六十二回に及びます。当時は国を相手に自分の信念を貫いてきました。こんなにまでして患者救済に頑張ってきたのです。ある裁判の最終陳述で主人は言いました。

「検察官は私を一年六ヵ月の懲役に処して、国家にどのような正義が保たれるのでしょうか、どのような公益を得るのでしょうか。『公益』と『公害』、なんと似たような言葉ではないでしょうか。公益の名のもとに検察官は公害被害者を処罰し、公益の名のもとに公害加害者は安泰に生きられる。なんとおめでたい国であると思いませんか。公益の代表・検察官は、公害の代表・水俣病患者を処罰することに快さを味わい、人生の宰領として生きられる検察官の前途に幸いあれと祈るものです。有罪にするなら、してください」

結果は無罪でした。でも長男の愛一郎は、中学校の友だちから「犯罪者の子ども」

と言われたり、娘は電話で「死ね」と言われたり、いろいろな嫌がらせをうけてきたのです。しかし私も子どもも、父ちゃんのすることにはなにも言ったことはありません。子どもには、「父ちゃんがしてることは悪いことじゃないんだよ。逮捕されたのも、水俣病で苦しんでおられる患者さんを一人でも助けなくてはならないと、先頭に立って頑張ってきた結果なんだよ。父ちゃんは、けっして犯罪人じゃないんだよ」と言い聞かせてきました。（中略）

「いちばん情けなかったのは、仲間に裏切られたときだ」と、主人は残念そうに言っておりました。患者救済はもちろんボランティアでやっていましたが、恩を仇《あだ》で返されたこともありました。なかには、認定されたら手のひらを返すように「川本の世話にはなっとらん」と言われ、肩を小さくして「ほんとうに情けない」と言っておりました。

主人は亡くなる二、三年まえ、一緒に頑張ってきた団体から裏切られ、心ない人たちからは邪魔者扱いされてきたのです。いったいなんのために、どうして人のために頑張ってきたのか、ほんとうに主人は最後まで独立、孤立の人生でした。いまでも主人が仲間から裏切られ残念がっていた姿が、私の頭からこびりついて離れません。

その悔しさを、無念さを酒で晴らすようになりました。毎日酒を飲み、私にも嫌味を言うようになりました。だけど、ほかに悔しさをぶつけるところがなく、私に当たっていたのだろうと思います。しかたがありません。自分の片腕と思っていた人からは裏切られ、自分がつくってきた団体は切り崩され、落ち込んで死んでいきました。平成十一年二月十八日でした。（中略）

水俣病という事件がなかったら、いやな思いもせず、残念な思いもせず、主人はまだ生きていたことでしょう。「ほんとうにご苦労さまでした。ゆっくりお休みなさい」と、毎日手を合わせています。

主人が亡くなる一週間くらいまえに、吉井市長さんが見舞いに来てくださいました。主人は「私はもうだめだから、ひとつお願いがあります。水俣病を出した水俣湾を世界遺産にしてください。約束してください」と言うのです。ほんとうに最後まで水俣と患者救済のことを思っていたのでしょう。

当時、主人はお金を全部運動につぎ込んでおりましたので、お金は家にありませんでした。子どもたちも苦労しました。小遣いをあげたこともありません。娘が言ったそうです。「兄ちゃん、こまかころは、なに食べてたのかな」。すると長男は「わからん」とこたえたそうです。その子どもたちも大きくなり、長男は作業療法士、言語聴覚士になって、いま会社の社長になって頑張ってくれております。娘は学校の先生になってくれました。二人とも自分たちで学校に行き、自分たちで卒業してくれました。

父親の葬式のとき、長男の愛一郎はこう挨拶しました。「父の机の後片づけをしていたら、こんな言葉が紙に書かれてあるのを見つけました。『熱意とは事ある毎に意志を表明することだ』と。残された私たちは、親の気持ちを受け継いでいきます」と。（中略）

最後に言いたいのは、ひどい嫌がらせをうけながら、水俣病患者を助けるために命をかけて一生を駆け抜けた人間、川本輝夫がいるということです。どんな気持ちでやってきたのか、わかってもらえたら幸いです。

＊

ミヤ子の話には、少し思い違いがある。愛一郎が父親の書いた言葉を見つけたのは高校生のころで、それは仏壇に小さく丸めて置いてあった。ひろげてみると短冊状の細長い紙に毛筆でこのように綴られていた。

〈熱意とは事ある毎に意志を表明すること〉

いい言葉だな、と愛一郎は思い、父親のその言葉を自分の指針とした。死なれてみれば遺言めいてきて、いま彼は名刺にこの言葉を刷り込んでいる。

あとがき

久しぶりに緒方正実さんに電話をしてみたのは、二〇一五年七月二十五日の午後であった。はじめて会って以来、ずっと気になっていることがあったからだ。

天皇皇后との面会翌日、天皇のたっての希望によって、「祈りのこけし」が皇居までもち帰られたという聞き捨てならないエピソードを、こっそり教えてもらっていたのである。

でもこのことはけっして書かないでほしい、と緒方さんは私に約束させていた。皇室にはなにもさしあげてはならないし、皇室も受けとってはならない。祈りのこけしを天皇の使者に託すとき、秘密厳守を双方で確認しあっていたのだ。

あれから一年半以上過ぎている。もしかしたら公開してもかまわない状況が生まれているかもしれない。そう思って電話をしてみたのだが、結論として、書いてもかまわない、なぜならとっくにオープンになっているから、という返事。私は拍子抜けしてしまった。

面会からひと月あまりのちの十二月初旬、緒方さんは熊本県庁知事室に蒲島郁夫知事を訪ね、マスコミ各社も同席するなかで面会の報告をした。そのとき知事のほうから、「緒方さん、よかったですねえ。祈りのこけしを陛下がお持ち帰りになってくれたじゃないですか」と笑いかけられて、秘密の話をこんなところでしていいんだろうか、と思ったという。

知事の配慮だったかもしれない。思いがけず明かされたこのエピソードについて、最初に西日本新聞が大晦日の朝刊で報じた。だからもう外に出てしまっている、書いてもかまいませんよ、と言うのだった。

水俣訪問が終わってからも、天皇の言動は異例ずくめだったのである。

それでは本作を終えるにあたって、天皇みずから禁を破ったこのエピソードについて書いておこう。

熊本県庁から電話がかかってきたのは、面会翌日の朝であった。

「陛下が緒方さんの祈りのこけしを、是非にとおっしゃっておられます」

きのう陳列しておいた十体のうち、大きいものと小さいものをそれぞれ一体ずつ譲ってほしいのだという。ただし、お土産類はいただかないことになっているので、買いあげさせてもらえないだろうか、と。

水俣病の人のみならず、同様に苦しんで死んでいった猫や魚や貝や蟹たち、プランクトンたち――つまりこの世で息をしてきたありとあらゆる生類にたいする鎮魂のために、祈りをこめて彫りつづけてきたこけしなのだ。それを天皇から求められて、彼は胸がいっぱいになる。

いま、天皇は熊本市内にいる。午後には帰京の予定。緒方さんは急ぎ水俣病資料館へ行き、前日から水俣に残っている県庁職員二人と落ち合って、どれにしようかとこけしに触れながら思案していると、そこへふたたび熊本から電話がかかってきた。

「自分に選ばせてもらえないか、と陛下がおっしゃっておられます。十体全部をうちの職員に預けてもらうのは可能ですか」

ますます水俣を思う心の深さが伝わってきて、彼はうれしくなった。十体それぞれを丁寧に包み、段ボールにおさめて職員に預けた。一年まえに留学生に皇居までもって行ってもらった三体のこけしがある。それは加えなかった。桐の箱にしまって、日付をしるしておいたから。

職員二人は新水俣駅から新幹線に乗り、熊本市内の県庁に運んだ。こうしてはじめて天皇の手に、じかに触れることになったのだ。

「選んでいただいた祈りのこけしは、二十センチくらいのものと数センチのストラップ型のものでした」

と、緒方さんは言う。

「売り物ではないので、どうしてもほしいとおっしゃる方には、これまでもさしあげてきたんです。そういう方たちから、これは代金ではなく気持ちなんですからと、紙に包んでいただいたお金を、自分は大事に保管してきたんです。そして一定の額になったら、全額寄付してきました。いちばん最近は、東日本大震災の原発事故で被災した福島です。ですから天皇陛下から頂戴したお金も、いつかみなさんのお金と一緒になって、困っておられる方のもとに届くことになるんです」

いくらだったか訊かないほうがいいでしょう、と私は言った。

「私も言わんほうがよかでしょう」

と、緒方さんも電話の向こうで笑う。

「一般国民のお金と天皇陛下のお金がひとつに混ざるとですよ。ばってん、それはお金じゃなくて、心なんです。天皇陛下と国民の心がひとつになって、つぎへと繋がっていく。おもしろかこっだと思いませんか」

そこまで想像していなかったので、私は楽しくなってきた。あれから時間がだいぶ経っている。いまはどう感じているのか尋ねると、きょうは親戚の葬式があって、そこでもお二人に会ったときの話が出たのだという。

「十五分間も天皇陛下に話ば聞いてもろて、この世に生まれてきてよかったと思わんば、と言われました」

しみじみとした声になる。この「生まれてきてよかったと思わんば」という言葉は、水俣病患者である彼にとって、ことさら深い意味をもつ。

お二人に会えなかった患者が大勢いるけれども、その人たちの気持ちはどうだろうか。

「認定患者の一人から、こう言われたことがあるんです。自分は会えんかったばってん、あんたが代表として会ってくれた。自分たちの思いまで一緒に背負って、会ってくれたとでしょう、と。ありがたかったです。自分もそのつもりでお会いしたんですから」

個人としては、五十七年間生きてきて、いちばんの心の癒しになったという。その後、落ち着いて暮らせるようになり、これから水俣病問題の解決に向けて、つらいこともたくさんあるだろうが、両陛下と面会したときのことを思い出しながら、ひとつひとつ乗り越えていきたいと思っている、と言う。

以上の話以外に、コンビニで会計を待っているとき、うしろに並んでいる母娘から、天皇皇后さんに会われた緒方さんですよね、と言われ、触らせてください、と背中を撫でられたこと。握手なんてしてもらってないのに、天皇陛下と握手なさったとだろ？　ぜひ自分と握手してください、と言われ、もう何人と握手したか知れない、というような話にも私は心が動かされた。

実生の森からつくった祈りのこけしは、いま天皇のもとにある。ということは、皇后のもとにもある。どちらか一体でも皇太子夫妻に見せることがあるとしたら、どうなるのだろう。

＊

本作の第一章と第二章は、雑誌「g2」の二〇一四年一月発売号と同年五月発売号に発表したものを大幅に削除・訂正・加筆して成った。それ以外の各章は、すべて書き下ろした。参考文献は本文中に明示してある。

一緒に水俣や熊本を訪れ、資料類を探索してくれた講談社の石井克尚君は、私がグズグズしているあいだにニューヨークに留学してしまった。本作の編集実務をとってくれたのは、古いつきあいの中村勝行氏である。お二人に感謝します。タイトルの「ふたり」というのは、なにも皇后美智子と石牟礼道子の二人に限定されるものではない。本作を読めば、おわかりいただけることと思う。

水俣で私にお話をしてくださった皆さま、ありがとうございました。緒方正実さんが電話で伝えてくれた言葉に、「天皇陛下の水俣への思いは本心からのものだったと、はっきりわかりました」というものがあります。祈りのこけしを身のまわりにいつも置いておきたいという天皇の思いは、すなわち皆さまの悲しみや苦しみとともにありたいとの願いでありましょう。

もとより、このたびの面会で水俣病問題が解決したわけではありませんが、祈りのこけしとともに祈りの日々を送っていこうとなさる天皇もまた、「もだえ神様」となっていつも皆さまのそばで身と心をすり寄せておられるのではないかと拝察します。

*

石牟礼道子さんと私の交流が生まれたのは、渡辺京二さんのお取り計らいによる。二〇一〇年春、渡辺さんにインタビューをするために熊本を訪れたとき、施設に入所中の石牟礼さんのもとへ私をご案内くださった。

渡辺さんは『石牟礼道子全集』別巻の「詳伝年譜」に、「三月十四日、髙山文彦が初訪問。道子は甥っ子のような親近感を覚え、以後親しく交わることになる」と書いておられるが、たしかに自分も石牟礼さんのことを、他人のようには思えない。以来、故郷が近いせいもあって、毎月のように熊本を訪れては、渡辺さんと石牟礼さんにお会いする幸運に恵まれてきた。本作はそうした時間の流れのなかで、あらかじめ約束されていたもののように産み落とされた。お二人の作品はともかくとして、姿、かたち、話しぶり、声——それらを見て、感じているだけでも宝石の時間である。ここにも「ふたり」がいる。

二〇一五年八月十八日

髙山文彦

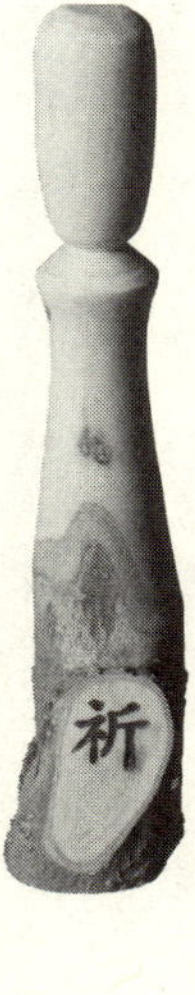

緒方正実さんから著者に
贈られた「祈りのこけし」

近代の終焉　文庫版へのあとがき

石牟礼道子がこの世を去ったのは、二〇一八年二月十日未明だった。危篤状態を耐えた九日から日付を越えて午前二時二十分過ぎ、呼吸が停止した。駆けつけた主治医によって臨終が確認されたのは午前三時十四分である。

息を引きとる寸前、長く閉じられていた両目が不意にひらき、なにか言いたそうにしていたが声にはならず、目蓋《まぶた》からつぅーとひとすじ涙をこぼし、静かにあちら側へ去っていった。

一人息子の道生さんが喪主挨拶でそのように話すのを聞いて、石牟礼さん、なんとあなたは最期のそのときまでドラマティックであったことかと、臨終に立ち会えなかったわが身を悔んだものだ。

死去の知らせをうけたのは、十日の朝八時過ぎ。コメントを求める新聞記者の電話で知らされて、心底おどろいた。以後たてつづけに数社から同様の電話をうけたあと、ようやく落ち着いて渡辺京二さんの長女・梨佐さんに電話をして、通夜・葬式の段取りと渡辺さんのごようすなどをうかがい、翌朝熊本へ向かったのだ。

もうあと一、二年は生きてくださるのではないかと思っていた。ひと月まえの一月四日、リハビリテーション病院に入院中の石牟礼さんを見舞ったとき、口紅のプレゼントを手渡すと大喜びして、その場で時間をかけてゆっくりと紅を引いていかれた。するとどうだろう。すっかり生気の失《う》せていた肌に見事に血色がもどり、若い娘のように頰《ほお》が張って薔薇《ばら》色に輝き出す。

「口紅を塗ると、女は頰っぺたまで赤く染まるんですよ」

介護ヘルパーの米満公美子さんがそうおっしゃるので、女とは不思議なものだと思って石牟礼さんに向き直ると、彼女の手が上唇を塗り終えたところで止まっている。目もどこか虚空の一点を見て、やはり止まっている。電池が切れてしまったおもちゃの人形みたいに。これが石牟礼さんに生きて会える最後かもしれないと私は思い、口紅を手から離して、彼女の両手に自分の額を押しつけて、「ありがとうございます。さようなら」と、聞こえないような小さな声でくり返した。

でもこの人は強かった。それからまもなく施設の自室にもどり、一月三十日、訪ねてみると、車椅子に坐っておられた。紙になにか俳句のようなものを書きつけておられたが、とても読める文字ではなかった。

「字が書けんごとなってしもたです」

そう言って、骨と皮だけになったお顔を静かにこちらに向ける。もう何度も聞いた言葉だったが、私はここまで回復したのかとうれしかった。渡辺京二さんが、あいかわらずの散らかしぶりに小言をぶつぶつ言いながら、机の上にでんぐり返った書類を整理していかれた。

「ダイアリーはどこへやったの？　あなたがほしいと言ったから、昨日買ってきてあげたばかりじゃないか」

彼女はなんのことだかわからぬふうで、ぼんやり顔。テーブルの下に頭をつっ込んでみたら、ちょうど彼女の足元に黒い表紙のそれが落ちているのを見つけた。床が濡れているので、雑巾で拭《ふ》き掃除《そうじ》をしてさしあげた。車椅子に坐れるくらい回復したんだから、あと一年か二年は大丈夫だろうと思い直したのだったが、それからほんの十日ほどのちに死んでしまうなんて、悪い冗談につきあわされているみたいな気がして、最初はうまく信じられなかった。

本編に書いたように、私が石牟礼さんにはじめて会ったのは二〇一〇年三月。渡辺さんに導かれてはいった居室には、この世の片隅にやっと生まれ出たような危うげな童女が静かに立っていた。その人は私を見るなり、なんとも言えぬ笑みを顔いっぱいにひろげ、つられて私も顔いっぱいの笑みを返した。

「あなた、まさか会ったことがあるの？」

と、渡辺さんがおっしゃる。

「いいえ、はじめてです」

「じゃあ、あなた、歓迎されてるんだ。初対面の人にこんな笑顔でこたえるなんて、めったにないことだよ。けっこうこれで気難しいんだ、この人は」

以来、毎月のようにお会いするなかで、私はなにかこの人といると、照れくさいような、懐かしいような、怖いような感情にとらわれた。叔母のように慕わしく思うのに、うまく言葉をかけられないのだ。年月を追うごとに衰弱してゆく彼女の手を撫《な》で、髪を撫で、肩や脚を揉《も》んだりした。抱えてベッドに寝かせてあげようとすると、骨が直接手のひらに感じられるまでになっていた。

石牟礼さんと一緒にいるあいだじゅう考えるのは、「故郷喪失」ということだった。いや、考えるというより、この人を見ていると、どうしてもその痛みのようなものが感じられてしまう。放っておいてもこの人からは、存在すること自体の悲しみの熱量がこちらに放射されてきて、そうしてそれゆえにこそ、せっかく用意してきた話題をどこかへ忘れてしまって、肩や脚を揉んであげるほかつながりの手立てを見つけられなくなるのである。

みずからすすんで出郷した者としての、ひりつくような痛みに苛《さいな》まれていたのではなかろうか。でなければ、つぎのような文章など書けるはずがない。

人びとは、後に残して来た故郷の声を背負い、樹の下蔭に立ってそれとなく見送っていた祖父母とか古老の姿から、魂の形見をあたえられて出郷したのである。ふたたび帰ることがなくとも、それは一人の人間の心の奥処《おくど》や夢にあらわれて、その人の一生につき添っていた。

『ちくま日本文学全集　宮本常一』解説

宮本常一についてこのようにしるす彼女は、自己の流離の宿命を宮本に重ねている。その宮本とは「彼方を夢みて旅の人となった」のであり、「その旅は山川の召命を受けて、人の住む大地を生起さすべく出発された感がある」と書いているのも、自分自身にたいする確認と鼓舞《こぶ》の意味あいがあったのではないかと思われる。

だからか、この人は、「水俣に帰りたい」とはけっして言わなかった。長く離れて暮らしてきた夫が死ぬときでさえ、「水俣に行きたい」と言った。石牟礼さんは「ふたたび帰ること」をみずから断った、たいへん自覚的な故郷喪失者であり、近代文学の洗礼をどういうわけか水俣の片田舎でいち早くうけて、いまや失われようとしている生活民衆史を訪ね歩く宮本の旅のように「彼方」へと旅立ってきたのだ。そうして、ほんとうに彼方の人になってしまわれた。

熊本市の東に位置する健軍に、真宗寺がある。石牟礼さんは、そこで得度《とくど》をうけている。深く心を結びあわせてきたこの寺で、通夜と葬儀がとりおこなわれた。渡辺さんのことが私は心配で、空港からまっすぐにお宅にうかがい、寺でもずっとそばにくっついていたが、いよいよ出棺となったとき、

「火葬場まで行かれますか」

と、尋ねてみると、

「いやいや、おれは行かん。もう別れは済ませた」

と、おっしゃる。

九日は石牟礼さんの枕辺に顔を近づけて、「ありがとう、ありがとう」と話しかけ

ておられたそうだが、臨終には立ち会えず、葬祭場に一時安置された遺体にしばらく付き添っていたという。灰になって出てくる姿など見たくないのだろう、と私は想像した。

石牟礼さんが最後に流した涙は、渡辺さんがそばにいなかったせいではなかろうかと、私は勘ぐったりしていたのだが、

「石牟礼さんのあの涙は……」

と、言いかけたとき、なにか追いかけるように目を遠くへ投げ、踵《きびす》をさっと返して、庫裏《くり》のほうへ足早に去っていかれた。私は本堂の階段の上から境内《けいだい》を見ていた。いま棺が霊柩車に運び込まれようとする。もしかして火葬場まで行かれるんじゃないのか……。

庫裏の玄関からあらわれた渡辺さんは、ステッキを右手について人垣のあいだを縫い縫い、霊柩車にいちばん近い先頭まで抜け出ていかれた。そうして山が秋の夕映えに染まるころ、遠くはるかに聞こえてくる鹿の鳴き声にも似て、長く尾を引くクラクションを鳴らしながら霊柩車がゆっくりと動き出すと、何歩かまた渡辺さんは歩み出て、車が見えなくなるまで手を振っておられた。その姿が、いまも私の目にすがる。

さよなら、さよなら！
　こんなに良いお天気の日に
　お別れしてゆくのかと思うとほんとに辛い
　こんなに良いお天気の日に

中原中也の「別離」という詩が浮かんだ。ほんとにこの日はあたたかな冬の日で、コートに袖《そで》を通したら、うっすらと汗ばむくらいだった。太陽の光が境内の木々をやわらかく照らしていた。

忘れがたない、虹と花
　忘れがたない、虹と花
　虹と花、虹と花

どこにまぎれてゆくのやら
　どこにまぎれてゆくのやら
（そんなこと、考えるの馬鹿）

その手、その脣《くち》、その唇《くちびる》の、
いつかは、消えて、ゆくでしょう
(霙《みぞれ》とおんなじことですよ)

大きな経験と記憶、かけがえのない月日が、たったいまシュレッダーにかけられたように明瞭に終わっていこうとしていた。

「彼女は死んだけれども、本が残ったからね。これからだって、二冊出るんだから。本のなかに彼女はいるんだからね」

昨日、渡辺さんは自分を慰めるようにそう言っていたけれども、でもそれでもやっぱりあの現身《うつしみ》が、生身の肉体が、そしてどこから飛来してくるのか、ぱっと花が咲いたように三日月のかたちに唇をひろげるあの美しい笑顔が、石牟礼さんの文学とひとつになっていたと思えてしかたない。私は厳粛な気持ちに包まれて、しばしのあいだ境内にたたずむ黒いカシミアのコートを見ていた。

東京でおこなわれた追悼会場には、美智子皇后が献花にあらわれて、人びとをおどろかせた。両者の絆の強さをあらためて感じさせるエピソードを残して、平成終幕へのカウントダウンがいよいよはじまった。皇后自身もまもなく皇后ではなくなるのだ。

天皇の退位発願は、ペリリュー島への慰霊の旅で最後の使命を果たし終えたことにたいする自己と国民への「象徴」としてのこたえだったのであろうが、戦争に加えて公害という人間のしでかした二大惨事が、昭和という時代が負った罪と罰であり、ハンセン病患者への慰問をふくめて天皇皇后がそれをみずからの使命としたのは、昭和の時代に自国民と外国民とを悲惨のどん底に突き落とした近代主義と帝国主義の被害者への謝罪であったと言うべきだろう。公害については水俣訪問で一応のつとめを果たしたということになるのかもしれないが、しかし水俣病問題は終わったわけではない。

「救済法」という法律の名称をめぐって、一夜、湯の児温泉の旅館の一室で環境省のお役人と緒方正実、川本愛一郎とで膝《ひざ》をつきあわせて会話が交わされたことがある。それは二〇一七年五月のことで、元環境大臣の松本龍が慰霊祭参列のために水俣入りした日に、席を設けてくれた。

「なぜ救済法なんですか。どうして補償法じゃいけなかったんですか。私たちはこういう言葉の使いかたひとつでたいへん心が傷つけられるというか、国は自分のしたことの責任を全然わかってないということに、あきれ果ててしまうんです。いったいどうして救済法なんて言葉になったんですか」

二人の意見はもっともだった。

問われた中堅クラスのお役人は、自分のほうから二人のまえにいざり出て、名刺を差し出し、そうして深々と頭を下げて自己紹介した人だったから、緒方、川本のご両人の話には多少の感情がこもってはいたが、声の調子は終始穏やかだった。

このお役人は、なかなか立派な人だった。正座を崩そうともせず、座布団にも坐らず、頭を下げたまま、絞り出すような声でこのようにこたえたのだった。

「おっしゃること、ごもっともだと私も思います。補償法とせずに救済法としたのは、自分たちの責任を国が認めたくないからです」

両者のあいだに真空地帯が生まれた。しかし緒方、川本の二人は、この人の誠実さに胸を衝《つ》かれたのではあるまいか。感情はいたって平静というよりも、むしろ一歩も二歩も相手に近づいた感じで、やがて二人の会話の焦点は、あまりにも非現実的な患者認定基準について及んだが、お役人もまたこれに正直にこたえ、国というものの奇怪なありさまを三人で共有するような時間が生まれた。

当然ながら、この場でなにが解決できるものでもない。ただし、いつでも連絡をとりあえる関係がこの三人には生まれた。

この席を設けてくれた松本龍は、環境大臣としてはじめて水俣病死没者慰霊祭に参列して以来、翌年もそのまた翌年も、そして議員を引退してからも毎年欠かさず参列している。長年にわたる私の大切な年上の友人であった。環境大臣を経験した政治家で、このように毎年参列する者は彼以外皆無であるらしく、私はそのことを緒方と川本の二人から聞き、直接会って感謝の気持ちを伝えたいと言われ、この日の席が設けられたのだ。

「水俣病のことは学生時代からずっと気になっとったとばってん、自分たちのほうの運動で忙しかったもんやけん、よう行っきらんかったとさ。環境大臣になってはじめて出させてもらって、以来こうして来させてもらってるのは、若いころの罪滅ぼしさ」

それぞれから気持ちを聞いた龍さんは、いつものように博多弁で照れくさそうな顔になって言った。

龍さんは今年（二〇一八年）五月の慰霊祭にも参列した。しかし、まったくもって残念なことに、それから二ヵ月後の七月二十一日、私たちにさよならも言わずにこの世を去ってしまった。六十七歳だった。私は緒方正実に電話をし、死去を伝えると、ちょうどいま私に電話をしようと思っていたところだったと言い、たったいま新聞記者から龍先生ご逝去の報を聞いたばかりだと、すっかり沈み込んだ声で言った。

緒方正実はあの日、龍さんに「祈りのこけし」を贈った。今年の慰霊祭では、「龍先生、来とらす？」とまわりの人たちに訊いて、「来とらしたよ」との返事を受けたが、実行委員長として忙しく立ちまわらなければならず、ついに再会を果たせぬまま永遠の別れを迎えてしまった。

単行本出版から三年あまりが経った。文庫化は講談社文庫出版部の西川浩史副部長のご尽力による。石牟礼さんも渡辺さんも熊本地震に遭いながら、生き抜いて、書いてこられた。たった三年でいろんなことが起きるものだ。本書の執筆にご協力くださった皆様の健康と幸福を一心に祈りあげる。

二〇一八年九月十八日　　　　　　　　　　　　　　　　　　　高山文彦

解説　祈念の書

若松英輔（批評家・随筆家）

「小賢しいことをぬかすな。これは浪花節だ」
――渡辺京二（本書「終章　義理と人情」より）

書名となっている『ふたり』は副題にあるように皇后美智子と作家で詩人でもある石牟礼道子という「ふたりのみちこ」に由来する。もちろん、二人は本書で重要な役割を担う。しかし、「ふたり」が主役なのではない。むしろ、何ものかによって動かされている存在なのである。読者は読み進めていくうちにほどなく、この書名が、周到に考えられた「入口」に過ぎないことを知る。その秘密は「あとがき」にそっと記されている。

恋人同志のように、「ふたり」きりになったとき、「ふたり」を感じることもある。

だが、「ひとり」でいるときにだけ「ふたり」になれる相手もいる。「ひとり」のときにだけ、私たちのこころをそっと訪れる者たちがいる。死者だ。

死者は、石牟礼にとって、もっとも親しい友だった。むしろ、死者の助力がなければ自分は一文字も書けないことを彼女は熟知していた。

作者は、突然、石牟礼が死者の「口」になる場面を描き出す、ある講演で彼女は、「私たちは、肉親たちからさえ、人間じゃなか姿や声をしとると言われますので、今日は魂だけになって、この会場にうかがいました」と語り始めた。石牟礼が肉親からそのようなことを言われたのではない。このとき石牟礼は、水俣病で亡くなった者たちのたましいの器になっている。先の一節に彼女はこう続けた。

　小さな虫になったり、やぶくらに咲いている草の花になったりして、おそばにこさせていただきました。
　今、お互いに目が合いました。見つめあっています。おこころもちをいただいて、間もなく帰ります。

死者は、ときに虫になって、花になって生者の傍らにいる、というのである。そして死者が望むのは、壮大な美辞麗句ではなく、こころを映した、小さなまなざしだというのである。

亡き者の存在を深く感じるのは、誰もいないときに孤独と悲しみに生きるときである。しかし、そのとき私たちは、不可視な姿でそっと自分の傍らに——傍ら、というよりこころに、というべきなのだろう——寄りそう者を感じる。

本書に記された真実の物語の、本当の語り手は、水俣病によって言葉を奪われた、名無き者にほかならない。この本で、実名によって記されている人々の多くもそうした認識によってつながっている。

石牟礼はしばしば死者を語った。むしろ、死者とのつながりを回復させることに彼女の悲願があった。だが、彼女は自分を見て、その奥に死者を見ない現代という時代に困惑していたようにも思う。本書にも記されているが、彼女の代表作『苦海浄土　わが水俣病』が、大宅壮一ノンフィクション賞を受賞したとき、彼女が辞退したのもその困惑のためだろう。

亡き者たちのこころを映しとること、それは皇后にとっても重要なことだった。そうした認識が、身を削るようなおもいをしつつ、今も皇后を悲しみの地へと赴かせている。悲しみと苦しみを生きる者に出会うことは、かつて同質の道を歩いた亡き者たちと出会うことにほかならない。

皇后にとって——もちろん天皇にとっても——水俣に生きる人々に会うことは、その傍らにいる亡き者たちと出会うことにほかならない。生者たちに傾けられる誠実はそのまま死者たちへの誠実なのである。

私たちは、それが、今も天災の被災地、各地のハンセン病療養施設、あるいは沖縄や広島、長崎という土地でも、あるいはさまざまな差別によって虐《しいた》げられた人々とのあいだで、今日もそれが生起しているのを知っている。この本では水俣への訪問が描かれているが、『火花　北条民雄の生涯』をはじめ、辛酸のなかに人生を送る人々を見つめ続けてきた作者は、皇后による同質の悲しみと祈りの交感が各所で行われていることを知りつつ、ペンを走らせている。

「最初で最後となるであろう水俣への訪問を、天皇皇后がそろってしたのは、二〇一三（平成二十五）年十月二十七日のことであった」との一文からこの本は始まる。この日が、特別な一日であることは言うまでもないが、それは何かが終わった日でもなければ、何かを記念する日でもない。それは過去と今、今と未来が、分かちがたい一つの流れのなかにあることを明らかにした日にほかならない。作者は、天皇皇后の水俣訪問の深甚な意味をしっかりと受け止めつつ、それが皇太子皇太子妃の訪問につながることを願って止まない。

ある時期、皇太子妃の祖父は、水俣病の原因企業であるチッソの代表者を務めていた。そしてその就任期間は水俣病事件が、水面下で深刻化していった時期と重なっていく。作者は謝罪を求めているのではない。ここにさらに深い和解の契機があると考えている。過去の悲劇を人類が記憶し続けられる大きな可能性を見ている。

水俣病とは何かを説明なく語れる時代は過ぎつつある。水俣病運動に深く携わった医師である原田正純の著書『水俣病は終っていない』が象徴するように、水俣病事件は過去のことではない。

企業も行政もこの出来事を幾度となく終わりにしようとしてきた。だが、それはけっして終わらない。耐えがたい苦しみを背負った、無数の者たちが、その心情を語らないまま亡くなったのである、どうしてそれを残った者が終わりにすることができるだろう。

私たちは教科書で四大公害病の一つとして学ぶ。だが、この出来事の深層にふれた者は、それは事実の表面をなぞったに過ぎないことを知っている。この「事件」をめぐる作者の認識ははっきりとしている。

ある日、昭和天皇が水俣を訪れたときのことを石牟礼が作者に語ったことがあった。石牟礼は病を患っていて、思うように声が出ないことがある。だが、当時のことを語っているときは違った。「さっきまで空咳《からせき》をしていた人が、父親の口上を述べたときの張りのあるあの声音は、舞台女優もこうであろうかと思うほど、天から降ってきた霊妙な力に押しあげられているようだった」と作者は書き、こう続けた。

無差別大量毒殺行為をおこなったに等しいチッソと、そちら側に立って嘘八百を平気で言いつのりいじめ抜いてきた国家や地方行政にたいして……

苛烈な言葉は大げさなことが多いが、水俣病事件に関しては、ここから一文字も削る必要を認めない。ナチス・ドイツによるユダヤ人の虐殺を過去のことだという人は、認識が浅薄であることを問われる。生命の軽視と差別がこの世から消えないかぎり、「アウシュビッツ」が過去の出来事になる事はあり得ない。水俣病事件も同じだ。

本書によれば、昭和七年からチッソは、猛毒であるメチル水銀を含有した工業排水を不知火海《しらぬい》に続く川に流し続けた。工場がメチル水銀の毒性を知らなかったということはあり得ない。彼らは海水によって「毒」が薄まると考えたのかもしれない。しかし、現実は違った。それは海に生きる生物に取り込まれ、それを食した人間の体内で蓄積され、ついには神経を冒し、脳はもちろん、手足も動かせなくした。筆舌に尽くしがたい苦しみのなかで死に至る者も少なくなかった。

水俣病は、人災である。それも起こるはずのない人的災害である。それは、心身機能の低下による「病」ではない。強いられた、耐え難い苦痛なのである。

言葉を奪われた者たちは今も生きている。あるとき、石牟礼が皇后に水俣訪問を請願する。そのとき彼女が強く願ったのは皇后と胎児性水俣病患者との面会だった。「胎児性」とは母親の胎内で水俣病に罹患《りかん》したことを指す。彼、彼女たちは、生まれながらにしておもいを語ることができなかった。作者は、先にも見た講演で石牟礼が、彼、彼女らをめぐって語った言葉を引いている。

何よりもその日、その日の想いを、一口も人に伝えることができません。たとえば、好きな人ができても、「あなたを好き」と言えない。苦しいということも、言えません。うれしいということも、言えません。

どうか皆さん、胸の内を語れないということが、どんなにさびしいか、つらいか、考えてみて下さい。朝起きて、ねるまで、たった一日でも。一時間でも。水俣病になったと念《おも》ってみて下さい。

ここで石牟礼は「想い」と「念い」を使い分けている。「おもい」は、思考というときのように「思い」と呼ぶべき姿をしているとは限らない。愛する人をおもう気持ちは「恋う」と書いても「おもう」と読む。

ここで石牟礼が語るのは「想念」と呼ばれるものだ。私たちの心の奥にあって、しばしば充分に言葉にならない「おもい」、ひとはそれを断片でも言葉にすることで他者とつながろうとする。そのことすら奪われた者の悲しみと苦しみを一時間でよいから感じてみて欲しいというのである。

天皇皇后両陛下の水俣訪問は、公的には「全国豊かな海づくり大会」への出席だったが、その奥にあるのは、どうにかして語り得ない者たちのおもいを引き受けることにあった。本書には、言葉を超えた面会と語りあいが、いかに実現したかが熱いおもいで書き記されている。

世の中は「思い」に満ちている。思いを大きな声で語った者が力を持つことも少なくない。だが、この本で描き出されているのは、別の真実だ。ひとは、語り得ない「おもい」によってこそつながっている。「思い」を語る言葉ではなく、「おもい」を宿した沈黙の言葉と呼ぶべきものは、時折、時空を超えて、こころとこころを結びつけることをありありと描き出している。

難解なことは何も本書には記されていない。読者は、ある時間を準備しさえすれば、作者の筆致に導かれて、いくつもページをめくっていることに気がつくだろう。だが、読者がそこに発見するのは容易に信じがたい事実の連続だ。出会うはずのない人が出会い、見えない何かに結ばれていく。

すべては、「まぼろしに終わった請願書」から始まる。水俣病患者であり、水俣病運動の中核的人物、そしてのちに水俣市議会議員をつとめた川本輝夫という人物がいる。水俣病運動が「闘争」という言葉によって表現されなくてはならないほどの熾烈《しれつ》さを極めたとき、先頭に立ったのが川本だった。この人物の生涯をめぐっては後世が一書をもって描き出すだろう。彼の存在がなければ水俣病運動の姿が大きく変わっていたことは否めない。私たちはその姿を映画監督・土本典昭の『水俣一揆——一生を問う人びと』(販売元・シグロ)で今も見ることができる。

平成二(一九九〇)年九月二六日付で川本は、天皇皇后への水俣訪問を求める文書を書いた。その一文は次の一節から始まる。

「憲法第一六条、請願法第三条①に基づき、左記の事項を請願する」。川本は六法全書を読みこんでいた。味読という言葉があるが、日々生きるために食べ物を身体に摂《と》りいれるように彼は、あるときから「法」を精神に摂取し始めた。天皇に直接書簡を送ることの意味を彼が知らないのではない。彼は個の立場でそれを行ったのでもなかった。ある一群の人々を代表して、彼はこの書面を皇居まで送り届けようとしたのだった。

先に「まぼろし」と書いたように、実際に送られることはなかった。言葉はときに不思議なはたらきをする。この「請願書」の現物はいま、どこにあるのか分からない。私たちがその写真を本書で確認できるだけだ。川本が破棄したのかもしれない。だが、それを今、私たちは知ることになっている。本書はこの送られなかった請願書が、いかにして実現するか、その道程を描き出したものにほかならない。

『ふたり』と題する本書の奥には、隠された題名として「いのり」がある。それを体現するのは本書のもうひとりの中心人物である緒方正実だ。彼は自身も「患者」で、今も水俣で語り部をしている。彼は語れば語るほど、語り得ないものに出会っていく。

あるときから彼はこけしを作り始めた。そのこけしには顔がなく、「祈」という文字が記されている。こけしに顔がないのは、そこには無数の、亡き者たちのたましいが宿っているからだ。その言葉にならないおもいを彼はこけしという姿で表現した。

そこには不可視な文字で、無音の声で発せられた、亡き者たちの祈りが込められている。

緒方はこけしの作者でもあるが、こけしに導かれている者でもある。こけしが彼を動かす。読者は、このこけしの行方に注目して読むとよいかもしれない。こけしが出会うはずのない生者と生者を巡りあわせ、新たな道を切り拓《ひら》かせるのである。天皇皇后との面会が決まったとき、宮内庁は緒方にこけしを持参することを遠慮してほしいといった。写真ならばよいが現物は困る。緒方が両陛下にこけしを手渡す可能性があるからだというのである。この申し出を聞き、緒方は憤る。私憤でも義憤でもない。それは無私の憤りと呼ぶべきもので本書のなかのある一つの極みとなっている。緒方は水俣の人々を代表して、悲しみと苦しみの歴史を両陛下の前で語った。

「二度と水俣病と同じような苦しみが世界で起きないことを必死で考えていく中で、実生の森のこけしが生まれました。私自身が水俣病から学んだこととして、メッセージにしています」と語り、緒方は文体を変えてこう言葉を継いだ。

苦しい出来事や悲しい出来事の中には、幸せにつながっている出来事がたくさん含まれている。

このことに気づくか、気づかないかで、その人生は大きく変わっていく。気づくには、ひとつだけ条件がある。

それは出来事と正面から向かい合うことである。

素朴な言葉で、過不足のないありのままのことが語られているのは、一目瞭然だ。だが、これほど強固な素朴さが実現されるまでの苦しみは想像に余る。ひとは人生のなかで何度か、他者に向かって自分がもっとも必要としている言葉を口にする。それを私たちは「いのり」と呼んできたのではなかったか。このとき彼が発した言葉は、彼の言葉でもあるが、これまで水俣病事件という耐え難い試練を生きてきた人々の、「念い」だったようにも思われる。先の緒方の言葉に私は、祈念という言葉の淵源を見る思いがする。

本書は二〇一五年九月、小社より単行本として刊行されたものです。

JASRAC 出 1809586-801

|著者| 髙山文彦　1958年、宮崎県高千穂町生まれ。作家。法政大学文学部中退。2000年、『火花　北条民雄の生涯』で第22回講談社ノンフィクション賞と第31回大宅壮一ノンフィクション賞を同時受賞。著書に、『エレクトラ　中上健次の生涯』『宿命の子　笹川一族の神話』『生き抜け、その日のために　長崎の被差別部落とキリシタン』『宿命の戦記　笹川陽平、ハンセン病制圧の記録』など多数のノンフィクション作品のほか、『父を葬《おく》る』『あした、次の駅で。』などの小説がある。

ふたり　皇后《こうごう》美智子《みちこ》と石牟礼《いしむれ》道子《みちこ》

髙山文彦《たかやまふみひこ》

講談社文庫

定価はカバーに
表示してあります

2018年11月15日第１刷発行

発行者——渡瀬昌彦

発行所——株式会社　講談社

東京都文京区音羽2-12-21　〒112-8001

電話　出版　(03) 5395-3510

販売　(03) 5395-5817

業務　(03) 5395-3615

Printed in Japan

デザイン—菊地信義

本文データ制作—講談社デジタル製作

印刷———慶昌堂印刷株式会社

製本———株式会社国宝社

ISBN978-4-06-513418-4

講談社文庫刊行の辞

二十一世紀の到来を目睫に望みながら、われわれはいま、人類史上かつて例を見ない巨大な転換期をむかえようとしている。

世界も、日本も、激動の予兆に対する期待とおののきを内に蔵して、未知の時代に歩み入ろうとしている。このときにあたり、創業の人野間清治の「ナショナル・エデュケイター」への志を現代に甦らせようと意図して、われわれはここに古今の文芸作品はいうまでもなく、ひろく人文・社会・自然の諸科学から東西の名著を網羅する、新しい綜合文庫の発刊を決意した。

激動の転換期はまた断絶の時代である。われわれは戦後二十五年間の出版文化のありかたへの深い反省をこめて、この断絶の時代にあえて人間的な持続を求めようとする。いたずらに浮薄な商業主義のあだ花を追い求めることなく、長期にわたって良書に生命をあたえようとつとめるところにしか、今後の出版文化の真の繁栄はあり得ないと信じるからである。

同時にわれわれはこの綜合文庫の刊行を通じて、人文・社会・自然の諸科学が、結局人間の学にほかならないことを立証しようと願っている。かつて知識とは、「汝自身を知る」ことにつきていた。現代社会の瑣末な情報の氾濫のなかから、力強い知識の源泉を掘り起し、技術文明のただなかに、生きた人間の姿を復活させること。それこそわれわれの切なる希求である。

われわれは権威に盲従せず、俗流に媚びることなく、渾然一体となって日本の「草の根」をかたちづくる若く新しい世代の人々に、心をこめてこの新しい綜合文庫をおくり届けたい。それは知識の泉であるとともに感受性のふるさとであり、もっとも有機的に組織され、社会に開かれた万人のための大学をめざしている。大方の支援と協力を衷心より切望してやまない。

一九七一年七月

野間省一